G. DE LA LANDELLE.

1847

FRISE-POULET

II

PARIS,

CHEZ LOUIS CHLENDOWSKI,
RUE DU JARDINET, 8.

1847

FRISE-POULET.

Paris. — Imprimerie SCHNEIDER ET LANGRAND, rue d'Erfurth, 1.

FRISE-POULET

G. DE LA LANDELLE,

AUTEUR DE *la Gorgone*.

II

PARIS,

CHEZ LOUIS CHLENDOWSKI,

8, RUE DU JARDINET.

1847

XIII

Visite au curé.

Le curé de Brest, respectable ecclésiastique d'un âge avancé, se trouvait assis
sous sa tonnelle, au soleil et à l'abri du
vent d'est, déjà piquant et fort rude.

Cagnard et Frise-Poulet très-embarrassés pour entrer en matière, s'avançaient chapeau bas, cherchant leurs phrases, ne trouvant pas un mot. Enfin, le vaillant héritier de maître Broalon tendit la lettre de son oncle, en disant :

— Lisez, je vous prie, monsieur le curé, vous verrez de quoi il retourne.

Le prêtre leva les yeux sur les deux marins dont les physionomies franches et ouvertes attirèrent sur ses lèvres un bienveillant sourire ; et puis ayant pris connaissance de la lettre testamentaire :

— Vous venez donc, mes enfants, me demander un service funèbre à la mémoire de votre oncle ?

— Oui, monsieur le curé, mais un grand

service, quoi ! du *rousturé*, du *goudronné*, du *galipoté*, voyez-vous, tout un tremblement.

— L'oncle à Frise-Poulet, monsieur le curé, c'était un brave homme, il faut lui en donner une bonne ration de prières, et puis, ce que mon matelot ne vous a pas dit... (Cagnard se pencha à l'oreille du curé), c'est qu'il en veut aussi pour sa bonne femme de mère.

Frise-Poulet reprit la parole.

— Monsieur le curé, là, je ne sais pas ce que j'ai, mais je ne peux pas vous envoyer la chose à mon idée. Tenez, une supposition : on me donne un coup de poing, j'en rends deux, c'est-il pas juste, ça?

— Pas le moins du monde, dit le curé en souriant; vous ne rendriez pas deux pièces de vingt sous pour une, j'en suis bien sûr.

— C'est vrai! c'est pourtant vrai! je m'embarbouille!

— D'ailleurs, mon ami, reprit le curé, on ne doit se battre à coups de poing en aucun cas.

— Je sais bien que le maître d'armes dit qu'il vaut mieux se battre à l'espadon,... pourtant ce n'est pas mon avis. Entre amis, un coup de poing passe et deux aussi; mais les sabres, faut les garder pour l'Anglais.

— Il y a du bon dans ce que vous dites,

mon garçon, répliqua le prêtre, qui connaissait trop bien les matelots pour heur-
ter de front leurs idées et ne pas faire quelques concessions. Je préfère même votre
morale à celle du maître d'armes; cependant vous feriez mieux de vous abstenir
du poing et du bâton aussi bien que du
fleuret. La paix....

— La paix, interrompit Cagnard, c'est
une chose juste ! mais, voyez-vous, quand
on est en colère, la main vous démange et
bûche ! *Digue Daoû* ! ce n'est pas le diable !
hein, Frise-Poulet ?

Le curé ne laissa pas la dissertation se
prolonger.

— Il me semble que vous ne dites pas
ce que vous vouliez me dire. Voyons, ex-
pliquez-vous ?

— Eh bien ! puisque les coups de poing
ça ne vous va pas, reprit Frise-Poulet, parlons de petits verres. On m'en paie un,
j'en paie deux, moi ! c'est-il clair, ça ?
Mon oncle veut avoir quelques messes,
moi je veux lui en donner beaucoup. Voyez-
vous, monsieur le curé, ajouta-t-il en tirant un billet de sa poche, j'en demande
pour tout ça. Une grande, premièrement,
où toute la *Cléopâtre* viendra avec moi.
Vous mettrez tout dehors, bonnettes et ca-
tacois : les cloches, les porte-voix, l'orgue,
votre second, vos lieutenants, tout le monde,
enfin. Vous comprenez le reste, ce n'est
pas mon métier et c'est le vôtre ; vous connaissez cette manœuvre, et vous ne seriez
pas fichu, sauf votre respect, de faire une
épissure ni de serrer un perroquet. Ainsi,
c'est clair !

Le curé jeta les yeux sur le billet,

— Mais c'est trop, mon enfant, votre oncle n'en exigeait pas autant ; vous avez une famille et des parents à qui une partie de cette somme serait fort utile sans doute.

— Ah ça ? monsieur le curé, si vous ne voulez pas, faut le dire sans aller par quatre chemins ; il y en a d'autres que vous. J'irai à Recouvrance, à Lambézélek, à Paris, s'il le faut. J'aurai des messes là, j'en veux des messes ! Je vous ai donné la préférence, parce que vous êtes un brave homme, et que mon hôtesse, madame Cartahu, me l'a dit ; vous ne voulez pas, rien de plus juste ; je vire de bord.

— Vous ne me comprenez pas, mon enfant, calmez-vous. Ce que je vous dis est pour votre bien et celui de vos parents. Soyez tranquille d'abord, vous aurez une messe de première classe pour le jour que vous désignerez.

— Eh bien ! après-demain, là !

— Impossible après-demain, parce que c'est dimanche ; mais lundi ou mardi, à votre convenance.

— Lundi, ça me va : maintenant, les autres, vous les direz quand vous voudrez.

— C'est bien convenu, n'est-ce pas, mes enfants ? Eh bien ! asseyez-vous là sur ce banc, écoutez-moi bien et causons raisonnablement.

— Nous vous écouterons tant qu'il vous plaira, monsieur le curé, à votre aise, dam ! nous ne sommes pas pressés. Aujourd'hui nous tirons nos plans, demain ce sera autre chose.

Le curé recueillit un moment ses idées, et, s'adressant à Frise-Poulet :

— Combien la chaloupe de votre frégate a-t-elle de voiles ?

— Foc, misaine, taille-vent et tape-cul, ça fait quatre.

— En peut-elle porter davantage ?

— Dam ! à moins de changer son grée-ment et sa mâture, c'est impossible.

— Oui *sûrement*, dit Cagnard ; moi qui étais patron du grand canot, je n'aurais pas pu mettre au vent un mouchoir de plus que ce qu'il vous dit.

— Eh bien ! vous, demanda le curé, si l'on vous avait donné quinze ou vingt voiles et qu'on vous eût dit : « Vous irez mieux avec ça ! » qu'auriez-vous fait ?

— J'aurais mis mes quatre au vent, et les autres, je les aurais débarquées à la première occasion.

— Et si, à la place de ces voiles inutiles, on vous avait proposé de vous donner ce qui vous aurait le mieux convenu pour le service de l'embarcation ?

— Dam ! j'aurais demandé des avirons neufs, un cablot de rechange, une bosse, un seau, un tas d'affaires, enfin !

— Et ça vous eût fait plaisir ?

— Tiens !

— Eh bien, mon ami, reprit le curé en s'adressant à Frise-Poulet, voilà justement votre histoire avec moi ; vous me donnez trop de messes à dire, c'est comme les voiles dont je vous parlais. Je ne saurais assez louer vos intentions généreuses et vraiment chrétiennes. Vous avez raison en me demandant beaucoup de prières pour l'âme de votre pauvre oncle....

— Foi de Dieu ! s'écria Frise-Poulet, M. le curé vous parlez crânement bien.

— Ne m'interrompez point, mon ami, poursuivit le prêtre avec douceur, et jurez un peu moins si c'est possible.

— Pardon, excuse ! monsieur le curé, je ne faisais pas exprès.

— Les messes que vous voulez sont une

fondation pieuse dont je me chargerai, si vous me laissez faire, et j'arrangerai cela de la manière la plus conforme à vos désirs. Mais je vous conseillerais de consacrer le reste de votre argent à des devoirs non moins louables.

— On vous écoute, monsieur le curé, naviguez toujours! dit Frise-Poulet, à nous autres après!...

— Votre famille, continua le prêtre, est pauvre selon toute apparence; l'héritage que vous venez de recueillir peut la mettre à son aise; et pourtant si vous le disséminez imprudemment, il vous aura fait plus de mal que de bien.

—Je n'ai pas un seul parent au monde; vous avez pu voir ça dans la lettre.

— Non, mon ami, j'ignorais entièrement que vous n'eussiez ni frère ni sœur, et vous pouviez être marié.

Le curé s'efforça de se mettre à la portée de ses visiteurs et y réussit au point de faire entrer dans leurs cerveaux quelques pensées d'ordre et de sagesse.

Cependant, Frise-Poulet ne fut pas tellement persuadé qu'il ne conclût en disant :

— Malgré ça, monsieur le curé, vous avez ce billet, gardez-le ; c'est pour mon oncle..... Et pour ma mère, murmura-t-il tout bas.

—Puisque vous voulez absolument dépenser mille francs en bonnes œuvres,

employez-en du moins une partie en aumônes.

— C'est vrai, dit Cagnard; monsieur le
curé a raison; nous allons donner aux
pauvres de quoi se régaler pendant quinze
jours.

— Ce serait encore un tort de faire
ainsi la charité sans discernement.

— Nous n'avons pas le temps d'aller
voir qui a besoin ; ceux qui demandent on
leur donne, les autres *tant pire*!

—Cependant, mes amis, il y a de vieux
marins infirmes qui n'ont que quelques
méchantes petites industries pour gagner
leur vie. Ils font des chapeaux de paille,
de l'étoupe, du filet; ces gens-là, vous ne

leur donnerez rien et vous jetterez votre argent par les fenêtres. Il y a des bonnes femmes qui ont été toute leur vie au service des matelots et dont les enfants étaient vos camarades ; elles gagnent à peine, en filant ou en tricotant, de quoi manger du pain noir dont les forçats ne voudraient pas ; vous tournerez le dos à ces misères.

— Non, non, monsieur le curé, dit Frise-Poulet en se levant. Comment ! il y aurait des gens comme ça ! de vieux matelots ! Hein, Cagnard, comme toi et moi !... Ce n'est pas Jean Ridal dit Frise-Poulet qui les abandonnera. Non, monsieur le curé : où donc qu'ils demeurent? j'y cours, je suis riche maintenant.

— Je ne vous dirai pas au juste, mon ami, où vous les trouverez; mais ne tombez pas d'un excès dans l'autre.

Frise-Poulet coupa la parole à l'ecclésiastique :

— Voici mon dernier mot, monsieur le curé ; d'abord grand'messe, tout ce qu'il aura de mieux, lundi matin, à dix heures n'est-ce pas ? après ça, tant qu'il en faudra des petites pour que mon oncle soit très-content. Et puis .... vous êtes un brave homme, vous ferez du reste ce que vous voudrez pour les pauvres. Vous les trouverez bien, vous ; et moi, si j'en rencontre, je sais ce que je ferai. Au revoir, monsieur le curé, à lundi.

— Grand merci, au nom des pauvres, mon enfant ; seulement rappelez-vous mes conseils, et si vous ne vous en fiez pas à moi seul, allez trouver quelqu'un de vos officiers, consultez une personne de confiance, réfléchissez bien à ce qu'il vous reste à faire.

— Ah ! fit Cagnard, si nous allions chez M. Martel !

— Eh bien ! oui, monsieur le curé, dit Frise Poulet, je vais aller voir un de nos officiers, un bon garçon, M. Martel qui, étant aspirant, nous a donné du tabac un jour que nous n'en avions plus.

Là-dessus les deux matelots sortirent.

— C'est drôle, pourtant que des braves gens comme ces curés ça porte malheur quand c'est passager à bord !

— Que veux-tu ? c'est le diable qui *buffe* le mauvais temps pour le faire bisquer.

— Si j'étais bon Dieu, je lui ferais un polisson de tour-mort sur le cou qui l'empêcherait bien de souffler, ce diable-là ! — En attendant, allons boire bouteille, et après, chez M. Martel.

A quelques pas du presbytère, les deux marins rencontrèrent un cabaret ; ils s'assirent dans un coin, et Frise-Poulet commanda :

— Du blanc, à vingt sous.

— Notre meilleur, c'est du rouge à quinze.

— Envoyez tout de même.

L'on trouvera peut-être que nos deux

héros font des relâches trop répétées aux diverses guinguettes qui s'offrent sur leur route, et cependant, pour rendre hommage à la vérité, nous sommes contraints d'avouer que ce premier jour ils mirent encore une modération et une réserve exemplaires dans leurs haltes successives.

— Au bout du compte, dit Frise-Poulet en versant à son matelot une large rasade, ce curé-là est un bon curé. Je suis content en pensant que mon billet est en bonnes mains et qu'il profitera, comme il dit, à des vieux, à des anciens qui ont bourlingué dans leur jeune temps !... J'ai idée, vois-tu, Cagnard, que l'oncle Broalon sera content aussi !...

—S'il le sera !... matelot, s'il le sera !... Quand on est mort, quel plaisir peut-on avoir? Plus moyen de s'amuser honnêtement comme toi et moi; faut donc se débrouiller autrement, et voila!...

— C'est clair!... Après la mort on passe saint chez le bon Dieu, si on a été comme mon oncle un vrai matelot, et pour lors on prend son divertissement aux messes, aux aumônes, à tout ce que disait le curé, quoi!

— Oui, Frise-Poulet, tu as encore raison.

— Mais, vois-tu, Cagnard, si on est un renégat, un brigand, un assassin, comme ce Requin de malheur...

— Ou tant seulement un voleur comme Quarantaine, objecta Cagnard.

— On une peste, ajouta Frise-Poulet, comme le commandant Lorgnon, ou cet autre qui était capitaine de *la C.aire* à Lorient, tu sais ?

— Oui, je sais, mais j'ai par bonheur oublié son nom.

— Eh bien ! pour lors, dit Frise-Poulet, on n'est bon qu'à passer chauffeur dans la machine à vapeur de Satan. Voilà mon idée.

— Ah ! mon fils !.... mon brave !.... mon garçon !... Tu es un homme ! s'écria Cagnard.

— En comparaison de toi, matelot, répondit le modeste héritier, je ne serai jamais qu'un fahi-mousse !..... Qu'est-ce que j'ai fait, moi?..... Jamais un bout de guerre, jamais rien de crâne! Et toi, quand j'embarquai sur *la Que mène* tu étais déjà un brave fini... la mort de l'Anglais!

— Matelot, tu as sauvé plus de dix hommes!

— Non! rien que neuf, et encore je compte un gendarme, un cambusier et deux femmes!...

— Pour le sauvetage, tout compte, même les Anglais... Et puis, mon fils, une femme, sans que ça paraisse, ça vaut encore quelque chose... Ma Périne, vois-tu, c'est une ancienne.... une vraie.... Et ma petite Fantick.... On va revoir tout ça.... Et Petit-Pierre aussi... Tiens, ça me gratte le cœur et l'œil!

— Bon ! matelot, bon ! à leurs santés !

Le vin rouge à quinze fut traité comme du blanc à vingt.

Cagnard gardait le silence ; Frise-Poulet regardait fraternellement son vieux matelot.

XIV

La barre du gouvernail.

Après un moment de réflexion, Cagnard frappa brusquement sur la table, pour chasser le souvenir de ses enfants et de sa femme.

— A nos affaires! dit-il, la musique, voyons!

— La musique! répondit Frise-Poulet, je vas te conter ça. Demain, nous commençons la noce, l'équipage est congédié, touche son décompte, rallie à l'appel sur la place, hors des portes, à midi.

—Connu! je sais ça depuis cent ans.

— Puis, le sexe arrive avec la mère Cartahu, on se met à table; on dansera, après on ira se promener, on ne peut pas se passer de musique; en tête de la société, faut de la musique!

— Tu as raison, matelot; mais c'est encore connu depuis cent mille ans. Nous louons quatre violons, une clarinette, un trombone et voilà.

— Prrrttt ! rien de tout ça. Je veux une musique complète. *Tout le monde sur le pont* ! grosse caisse, petite flûte, entonnoir, sonnettes, casseroles, tout le tonnerre ! Et pour ça, écoute bien : je vais trouver le chef d'orchestre du régiment, je lui dis : « Mon vieux, je veux t'avoir toi et ton équipage pour tout demain, combien que ça me coûtera ? » L'autre me dit : « *Tant.* » Je lui donne *tant*, et c'est fait.

— Mais Frise-Poulet, mon fils, pourquoi pas la musique de la marine ?

— Tiens ! tu ne devines pas ça, toi ! Toi qui es mon ancien, on te prendrait pour un *boy*, comme dit l'Anglais. A-t-on jamais vu des matelots se payer entre eux autre chose qu'à boire ? Je ne veux pas non plus avoir des musiciens par complaisance, c'est bête! Aux troupiers, je leur dirai : *Souffle, pantalon rouge, tu es payé pour ça!* Vois-tu la chose? A ceux de la marine, faudrait dire : *Bois et mange!* et pendant ce temps-là, pas plus de musique que dans ma poche!

Un geste expressif couronna éloquemment les conclusions de Frise-Poulet.

— C'est encore vrai, matelot, dit Cagnard. Allons maintenant chez M. Martel.

— Que faut-il lui dire? Mettons que nous sommes chez lui.

— Bah! faut pas t'inquiéter de ça à l'avance; nous lui conterons notre visite au curé, et nous lui demanderons conseil. C'est moi qui lui parlerai, sois tranquille. Tu sais bien que c'est un vrai, un ami du matelot. Il n'est pas malin de s'expliquer avec des hommes comme lui ; devant le commandant, je ne dirais pas ; c'est une face de fer, celui-là, il ne rit jamais.

— Le commandant, matelot, c'était un marin tout de même...

— Oui, Frise-Poulet, un marin qui maniait la frégate comme une poupée de deux liards ; je n'ai jamais dit non. Il aimait un petit peu à faire sa tête, raide comme Artaban, fier pis qu'un prince, mais il naviguait... il naviguait !

— Il aimait trop les pratiques pareils à Requin, il aurait eu le grand Ratapiat sur son bord qu'il lui aurait donné de l'avancement...

— Voilà, dit Cagnard. Quand on est tranquille, qu'on ne court pas bordée, qu'on s'échigne sans gueuler, alors les hommes comme lui ne vous regardent seulement pas !....

— Parlez-moi de M. Martel ! s'écria Frise-Poulet, M. Martel ! il est marin lui aussi, et lorsqu'il aura un commandement, ça sera une vraie barque du bon Dieu pour la navigation, et un navire bien tenu tout de même !

— Oui, fit Cagnard, M. Martel est tout jeune, il a dejà l'œil américain comme un vieux, avec ça qu'il est doux, poli, honnête que c'est un charme....

Le parallèle de Martel et 'du capitaine de *la Cléopâtre* continua d'être le sujet de la conversation des deux amis, jusqu'au moment où ils arrivèrent au logement du jeune officier ; mais, là, leurs beaux projets se trouvèrent renversés ; ils eurent beau frapper à la porte et parcourir la maison dans tous les sens, personne ne leur répondit.

Trouvant qu'ils avaient fait assez pour l'acquit de leur conscience, ils renoncèrent à leurs intentions et se dirigeaient vers la caserne d'infanterie pour s'entendre avec le chef de musique, quand Frise-Poulet aperçut Austerlitz et poussa un cri de joie :

— Il va nous dire où est son maître !

— Oh! eh! gringalet, moussaillon, Austerlitz! oh! eh!

Le novice se retourna, et reconnaissant

les deux gabiers, vint à eux en courant.

— Dis donc ! où est M. Martel ? nous avons à lui parler, et ça presse ; nous sortons de chez lui, il n'y est pas.

Austerlitz prit un air confidentiel.

— Père Cagnard, faut pas en blaguer ; il n'y a que moi qui le sache ; mais c'est sûr.

— Eh bien ! parle !

— M. Martel va se marier la semaine qui vient ! vous ne connaissiez pas ça, vous autres ?

— Tiens ! tiens ! tant mieux ! Lui aussi va en faire une noce. Mais où est-il, toujours ?

— Chez sa promise, donc ! Sont-ils bouchés, ces vieux !

Cagnard saisit l'oreille de l'irrévérencieux garçon :

— As-tu sitôt oublié le respect que tu dois à tes anciens ?

— Ahie ! ahie ! larguez-moi. Je vas vous mener.

Austerlitz n'était plus le mousse chétif et grêle que nous avons vu au début de cette histoire s'attirant la juste colère de Cagnard ; il s'était développé depuis deux ans ; ses épaules avaient déjà une carrure matelote, et certes il promettait de devenir quelque jour un vaillant marin.

Cagnard et Frise-Poulet qui le savaient

dévoué à Martel, lui voulaient beaucoup de bien , et le prouvèrent en lui tirant les oreilles avec une extrême mansuétude.

Austerlitz, la tête haute et se dandinant d'un air d'importance , servit de guide à Frise-Poulet et à son compagnon. Ils pénétrèrent tous trois dans le jardin , ne jugèrent pas nécessaire de se faire annoncer, et entrèrent sans frapper dans le salon où se trouvaient en tête-à-tête Sophie et son futur époux.

Déjà , la jeune fille commençait à ressentir les inquiétudes dévolues à la compagne d'un marin. Martel avait son ami intime à bord de la *Sylphide*, il se promettait comme une fête de lui faire part de son mariage ; pour tout au monde, il n'aurait voulu être devancé par un étranger.

Eugène de Billancourt, retenu à bord par ses fonctions provisoires de lieutenant, ne descendait que fort rarement à terre ; Martel trouvait urgent de le prévenir, car le lendemain, dimanche, on devait afficher et publier à l'église l'union de l'enseigne avec mademoiselle Cimard.

Or, la brise avait prodigieusement fraîchi depuis quelques heures, le temps était affreux sur la rade, *il ventait coup de vent*, non pas ainsi qu'à l'ordinaire du sud-ouest goudronné, mais du nord-est strident et clair ; les vagues étaient courtes, tourbillonnantes, clapoteuses ; elles moutonnaient, bouillaient, frisaient à faire frémir. Du reste, pas un nuage au ciel, tous avaient été balayés au large, et les rayons du soleil, se jouant dans la poussière humide des lames, coloraient la baie entière des brillantes couleurs du prisme.

Sophie n'avait triomphé qu'avec mille peines de la volonté de Martel.

— Il n'y a rien à craindre dans un bon canot, disait celui-ci en souriant, vous savez que je compte prier Billancourt d'être notre garçon d'honneur; je tiens à lui faire cette invitation moi-même. Cependant, puisque vous l'exigez, j'attendrai à demain. Ce sera samedi, convenez que je ne saurais tarder davantage.

Sophie espéra que la violence de la brise diminuerait et jeta un regard de terreur sur l'enceinte agitée de la rade. La mer était d'autant plus mauvaise que l'on se trouvait précisément à l'époque des grandes marées du printemps, et qu'à certaines heures, la direction des courants et celle du vent étant opposées, il en résultait un conflit de forces contraires qui, par leur irrégularité saccadée pouvaient être fatales aux meilleures embarcations. Toutefois, la communication avec la terre n'était pas encore suspendue.

René se décida donc à écrire à son ami pour lui annoncer sa visite du lendemain; la lettre se terminait ainsi :

« *Quelque temps qu'il fasse*, envoie-moi » un canot à trois heures et demie ou qua-»tre heures; il s'agit d'une *affaire majeure* »que je t'expliquerai de vive voix à bord. »Adieu. »

Billancourt comprendrait assez qu'il était question du mariage de son frère d'armes, pensait Martel en cachetant sa lettre; il ne manquerait pas d'expédier le canot.

Vingt-quatre heures plus tôt ou plus tard ne changeaient rien aux projets de l'heureux fiancé qui causait tendrement avec la tremblante Sophie et achevait de la rassurer, quand Austerlitz ouvrit la porte à Frise-Poulet et à Cagnard.

— Pardon, excuse, monsieur Martel, dit le quartier-maître après avoir jeté un coup-d'œil dans le salon et fait un salut des plus *chicandards* à la jeune fille ; pardon, ex-cuse, si nous vous dérangeons. Vous êtes avec votre future, vous n'avez pas le temps d'écouter des anciens comme nous. L'a-mour ! je connais ça, moi qui suis marié aussi. Suffit ! nous allons *brasser à culer* de suite.

Puis, se tournant vers Sophie :

— Malgré ça, mademoiselle, nous ne

nous en irons pas sans vous faire notre compliment. Vous aurez là un bon mari , un brave matelot, sauf votre respect. Frise-Poulet pourrait vous en dire autant. M. Martel, c'était le père de l'équipage; faudra, voyez-vous, être douce pour lui comme un laize de velours.

Les deux matelots, le chapeau à la main, se rapprochaient de la porte restée ouverte et allaient se retirer.

— Restez, restez! dit la jeune fille, je vous laisse avec votre officier.

— Ce n'est pas juste, mademoiselle, nous allons virer de bord; ne vous gênez pas pour nous. Ici, vous avez votre nom sur le rôle d'équipage et pas nous autres.

— Maître Cagnard, si tu me disais pourquoi vous êtes venus me trouver, au lieu de faire tant de grimaces. Conte-moi ça en trois mots, et si mademoiselle est de trop, explique-toi.

— Oh ! ce que nous avons à vous dire, tout le monde peut l'entendre, et votre future aussi, dit Frise-Poulet en s'avançant. Nous venons chez vous de la part du curé, parce que j'ai fait un héritage. Austerlitz nous a conté que vous vous mariez, et dam ! c'est l'occasion de vous en faire notre compliment.

— Ne vous retirez pas, ma chère amie; c'est inutile, autant que je puis en juger par l'exorde de Frise-Poulet.

La jeune fille, charmée de cette invitation, resta dans le salon, le bras appuyé sur celui de Martel, qui attendait qu'un des deux matelots voulût bien s'expliquer plus clairement.

Frise-Poulet était visiblement intimidé par la présence de Sophie; son éloquence, épuisée par son début, lui fit défaut au moment le plus nécessaire. Cagnard, le voyant garder le silence, passa le dos de sa main sur ses lèvres, se gratta l'arrière de la tête par un geste habituel aux orateurs du gaillard d'avant, et, entrant enfin en matière, rendit compte de la visite au curé, non sans de nombreuses digressions et sans demander pardon à Sophie toutes les fois qu'un juron mal étouffé venait accentuer son récit ou ses commentaires.

— Frise-Poulet, dit-il en finissant, ne

veut pas placer son argent, et il a raison;
vaut mieux en profiter que de le laisser
à des flibustiers de notaires qui le *feraient
esclave*, pas vrai? mais pourtant, nous
avions promis au curé de vous venir voir,
et voilà la chose.

L'officier, initié dès longtemps aux idées
et au langage des matelots, n'avait pas
perdu un mot de la narration. Quoique
Cagnard, par une prudente réserve, n'eût
pas ouvert la bouche des projets d'orgie de
Frise-Poulet pour le lendemain, Martel les
devina, et comprit de quelle utilité son intervention pouvait être en cette circonstance.

Une heureuse inspiration le servit à
point.

— Tu as femme et enfants, Cagnard? demanda-t-il.

— Oui, monsieur : dans trois jours je pars pour Morlaix revoir ma vieille Périne et mon gas Jean-Pierre, qui commence mousse à bord d'un pêcheur, et Fantik, qui est déjà grande et en âge de se marier aussi : un beau brin de fille, voyez-vous, ce n'est pas parce que je suis son père, mais, sauf votre respect, mademoiselle, elle est quasi aussi jolie que vous.

— N'aimerais-tu pas mieux, au lieu de naviguer au long cours, être tranquillement dans un bateau de pêche, rester avec ta femme et tes enfants, et les voir tous les jours de la vie? demanda Martel ; tu fumeras ta pipe dans le coin de la cheminée, chaque matin à jeun tu boiras ton *coup de croc* à ta fantaisie, le dimanche tu feras ton crâne sur le quai avec ta femme sous le bras, tu serais heureux comme un pape.

— Si ça se pouvait, oui, peut-être; c'était mon métier du temps que j'étais jeune; mais je n'ai jamais pu obtenir d'être *patron*. Il n'y a de places que pour les *sans cœur* qui passent leur temps à..... Pardon, excuse, mademoiselle, vous comprenez que ce qu'ils font, sauf votre respect, aux armateurs et au commissaire. Moi, je sais manœuvrer et gouverner comme pas un; à preuve, on me choisit toujours pour patron sur les navires de guerre; mais je ne sais pas blaguer ni tourner autour du pot, faire la révérence et être le chapeau à la main toute la journée. — « Voulez-vous de moi, oui ou non! » — On m'a renvoyé sans m'écouter seulement. Ensuite, tant qu'à rester *simple matelot*, on gagne davantage au long cours. Avec ça que les pêcheurs sont toujours sur la côte et qu'on les lève plus souvent que les autres pour le service (1).

— En somme, maître Cagnard, dit Martel, tu serais charmé, si j'ai bien compris, d'être patron d'une belle barque de pêche ou d'un petit caboteur.

— Dam! fit le quartier-maître.

— Eh bien! Frise-Poulet, reprit Martel, si tu le voulais, rien ne te serait plus facile que de rendre ton matelot content

---

* Il est bon de rappeler que notre scène se passe antérieurement aux dispositions nouvelles de la *levée permanente.*

comme un Dieu, et de l'être tout autant.

Les deux amis s'entre-regardèrent d'un air étonné.

— Et moi, dit Sophie devançant Martel, je m'occuperais du trousseau de noces de Fantik.

L'officier pressa la main de sa fiancée; ils échangèrent un noble et doux sourire.

Mais les gabiers plus étonnés que jamais ouvraient de grands yeux, et saluaient gauchement. Martel et Sophie jouissaient de leur curiosité muette.

— Ouvrez les oreilles, mes vieux, reprit l'enseigne, et faites ce que je vous dirai. Vous allez partir pour Morlaix ; vous achèterez une belle embarcation de pêche, bien gréée, bien installée, avec des filets et tout ce qu'il vous faudra. Cagnard sera patron, et le petit Jean-Pierre mousse à bord. Frise-Poulet trouvera Fantik de son goût, vous ferez la noce honnêtement et sagement. Ensuite, en avant le petit métier ! Tous les matins vos femmes vendront le poisson au marché, et vous ne *bourlinguerez* plus au long cours. Moi, j'écrirai à votre commissaire, je me charge de tout, commencez-vous à comprendre ?

Les marins ne trouvèrent pas de longtemps de mots convenables pour répondre. On lisait sur leurs figures une foule de sentiments divers : la reconnaissance, l'admiration, la joie s'y peignirent tour-à-tour.

— Le curé, tout de même avait raison,

s'écria Frise-Poulet, laissant dans le vague un monde d'idées.

Sophie et Martel étaient dans l'enchantement.

Cagnard exprima d'abord sa gratitude en termes énergiques. Il s'adressait à lui-même des reproches de *n'avoir pas seulement songé à ça!* il complimentait Martel sur son esprit, puis il remerciait Sophie d'avoir pensé au trousseau de Fantik. Tout-à-coup cette émotion fit place à un sentiment bien opposé; il se redressa d'un air digne :

— Là! là ! doucement ! lieutenant ! dit-il, Cagnard est un honnête matelot, voyez-vous, c'est de la *gnogniotte,* votre invention ! je n'en suis plus, merci!

Ce fut au tour des fiancés de ne rien comprendre au changement soudain du quartier-maître.

— Oui, je le répète, Cagnard, et c'est moi qui le dis, est un honnête homme, qui n'a jamais fait de tort à personne et n'en fera sûrement pas à Frise-Poulet pour commencer.

Prenant alors la main de son camarade:

— Achète un bateau si tu veux, épouse ma fille si ça te convient et à elle aussi ; ça ne me regarde pas ; mais tu seras patron, et pas moi. *Meunier est maître dans son moulin.* La barque sera à toi, à toi de la commander. Hein ! il achèterait un bateau de pêche pour y être second, et moi, je lui donnerais en place ma fille, qui est gentille, c'est vrai, foi de Cagnard! gentille comme un cœur ! mais enfin qui n'a pas un *farting* et ne vaut pas seulement une maille d'épervier. La justice avant tout !

— Mais, mon ami, dit Martel, Frise-Poulet est déjà votre frère de cœur, votre matelot ; il n'a rien qui ne soit à vous.

— Bon ! bon, je m'entends ! dit Cagnard, assez causé ! L'oncle Broalon n'a pas ramassé cet argent-là pour Cagnard et sa case.

— Frise-Poulet serait votre gendre, ajoutait Martel.

— Votre fils, murmurait Sophie.

— Pardon, excuse, monsieur Martel, madame, mademoiselle... je m'embrume,

je perds la boule, disait Cagnard en bal-
butiant, mais ce n'est pas juste, non! non!
ce n'est pas juste...... Frise-Poulet, mon
vieux..... mon fils..... ne parlons plus de
ça.

L'on ne parvenait point à calmer le scru-
puleux marin qui s'obstinait dans son idée
fixe.

Martel et Sophie renonçaient à le con-
vaincre ; heureusement enfin, il céda d'un
seul coup à un raisonnement sans réplique
de son matelot :

— La barque sera à moi, disait Frise-
Poulet, c'est vrai; je suis armateur, quoi !
et d'une! Maintenant, je te nomme patron,
ça te va, hein? *et de deux!* Pour lors tu rencontres sur le quai, en te promenant, un
troubadour qui te dit : — « Je veux aller

avec vous. » Celui-là c'est Frise-Poulet, c'est ton vieux de la cale, c'est ton matelot de *la Cléopâtre*. Tu dis : « — Je le veux bien ! » *et de trois*. Qu'est-ce que ça fait à qui la barque ? m'est avis que je puis bien être embarqué à ton bord, si ça te convient, et à moi aussi ?

Tout vicieux qu'un pareil cercle de distinctions pût sembler à l'enseigne, il parut triomphant à Cagnard, qui tendit une seconde fois la main à son camarade. Le marché fut ainsi solennellement conclu.

— Voilà ce qui reste de l'héritage, dit alors Frise-Poulet, étalant encore une fois ses billets de banque. Tenez, M. Martel, je garde ceux-ci, dont j'ai besoin aujourd'hui, et ceux-là, si vous voulez les conserver, ils serviront pour acheter notre bateau de pêche.

A ces mots, le gabier remit trente mille francs à l'enseigne, et replaça dans la poche de sa veste les sept ou huit billets qui lui restaient, sans parler de l'usage qu'il comptait en faire. Puis il balbutia un moment, et faisant un dernier effort sur lui-même :

— Monsieur Martel, dit-il, enfin, il y a pourtant bien encore une chose que je voudrais vous demander.

— Quoi donc, mon garçon?

— Ce serait de venir lundi à la messe de mon oncle. Tenez, voyez-vous, m'est avis que ça fera plaisir à ce vieux caboteur qui *a-t-avalé sa chique en bourlinguant*, et je crois que le bon Dieu en sera bien aise aussi, pas vrai, Cagnard?

— Le curé ne dirait pas mieux, ajouta le quartier-maître.

— J'irai certainement, il n'y a rien que de fort naturel à votre invitation, mes amis, et pour vous le prouver, je veux vous en faire une à mon tour. Je vous engage à assister à la célébration de mon mariage. Si vous avez confiance dans mes prières, je n'en ai pas moins dans les vôtres. Adieu donc, à lundi !

— Ah ! voilà le canot de *la Sylphide*, s'écria le jeune officier, dont les regards se portaient de temps en temps sur la mer, je vais aller moi-même porter ma lettre au patron.

— N'embarquez pas, surtout, René, vous me l'avez promis, dit Sophie avec douceur.

— Je n'ai qu'une parole, répondit l'enseigne, me croiriez-vous capable de vous tromper?

Les fiancés restèrent encore un instant pensifs et les yeux fixés sur la rade.

— Allez donc, méchant, et revenez bien vite, murmura la jeune fille.

Quand les deux matelots furent dehors :

— En voilà-t-il un brave garçon, qui nous prie à son mariage, et vient à notre enterrement !

— Une invention ! s'écria Frise-Poulet ; faut lui faire un cadeau de noces !

Tandis que Cagnard et son camarade

discutaient entre eux cette nouvelle motion, Martel descendit jusqu'au quai, où
il arriva en même temps que le canot de
la corvette.

— Patron! cria-t-il, venez ici un peu.

Un colosse à barbe noire se dressa, sauta
nonchalamment à terre et salua l'officier.

— Ah! c'est toi, Requin, tu es donc sur
la Sylphide, maintenant ?

— Comme vous voyez, lieutenant, répliqua le baleinier d'une voix creuse.

— Tu remettras cette lettre à M. de Billancourt.

— Vous ne voulez pas venir à bord,

vous l'y trouveriez ; la brise est bonne, nous irons à la voile en moins de dix minutes.

Le baleinier, en engageant ainsi Martel à venir dans son canot, tâchait de donner à sa rude figure une expression de bonhomie cordiale. L'enseigne ne put lui soupçonner aucune arrière-pensée, et lui trouva même un air de franchise qui détruisit ses anciennes préventions ; aussi reprit-il imprudemment :

— Pas aujourd'hui, mon garçon, mais demain, quand il venterait à décorner les bœufs !

Requin prit la lettre, et rembarqua dans son canot, puis examinant l'état du ciel.

— Nous en avons pour trois jours au moins de cette brise. A demain, donc, je tiendrai la barre !

A cette pensée, le vindicatif baleinier fit une horrible grimace de satisfaction, frotta l'une contre l'autre ses mains raboteuses, et regarda son gouvernail, avec le même sentiment d'orgueil et de confiance que doit éprouver un général, contemplant son armée la veille d'une affaire décisive.

XV

Idées de matelots.

La bonne foi dans la discussion, cette chimère des aréopages et des académies, est encore une réalité parmi les matelots ; ils se rangent volontiers aux avis les uns des autres et cèdent avec une simplicité introuvable partout ailleurs. Cagnard ne fit qu'une faible résistance à la motion de Frise-Poulet.

— Oui, ça se peut, avoua-t-il ; comme tu dis, vu qu'il se marie, ça se peut.

—Si nous lui achetions une épée d'honneur avec la lame toute en or, proposa l'héritier qui ne trouvait rien d'impossible à son opulence nouvelle.

— Non, ce n'est pas d'ordonnance. Si j'en avais le temps, je sais bien ce que je ferais.

— Quoi donc ?

—Un petit chapeau de paille blanc qui ne pèserait pas une once, tant chaque brin serait menu, passé par la plus petite plume d'un pigeon, et cousu avec un fil de soie fin à se *déralinguer* l'œil.

— On n'en trouve pas dans le commerce; autre chose.

—Une pipe en perles, choix sur choix.

— Ce n'est pas un cadeau de noces, et puis ça le ferait songer qu'il ne nous a donné que des brûle-gueule d'un sou.

— Oui! mais par un temps de *rafale,* c'était un cadeau, et un crâne! Cette livre de tabac, je la vois encore dans son papier jaune canari; ça semblait un trésor.

— Autre chose? demanda Frise-Poulet.

— Une montre avec une chaîne ou

des breloques, forme d'une ancre, tout d'or et d'argent.

—Un vaisseau d'ivoire avec le gréément en verre filé.

— Un chien de chasse.

— Un fusil à deux coups.

— Un cheval.

— Une voiture à quatre roues.

Un signe négatif de part ou d'autre suffisait pour faire rejeter chaque proposition nouvelle.

Cagnard frappa tout-à-coup sur l'épaule de son camarade avec une de ces ronflantes exclamations que nous nous sommes fait un devoir de supprimer, même en initiales, malgré notre respect pour le pittoresque et la vérité de l'expression.

— Eh bien ! quoi? fit l'héritier.

— Des épaulettes de général !

— Bah ! il n'est que lieutenant.

Cagnard haussa les épaules d'un air de supériorité.

— Il deviendra amiral, c'est moi qui te le dis; alors, quand il se mettra en tenue, à qui pensera-t-il, hein ? A toi, à moi, à *la Cléopâtre*, aux anciens !

Frise-Poulet approuva lautadivement. Mais comme les deux interlocuteurs se

trouvaient alors vis-à-vis le quartier d'infanterie, ils remirent leurs emplettes à plus
tard, se firent indiquer le logement du chef
de musique, et s'occupèrent de mettre à
exécution un autre de leurs projets.

La faconde des marins, et surtout quelques bouteilles bues à la cantine en compagnie du sous-officier instrumentiste, pré-
disposèrent celui-ci à entrer dans leurs
vues.

— Pourtant, je ne suis pas le maître,
mes enfants, il faut voir le capitaine de
musique, c'est lui que ça regarde.

— Et si ce capitaine n'est pas chez lui ?

— Allez chez le colonel, c'est un homme
sévère, mais juste, estimé du soldat. Il

vous recevra bien, à moins qu'il ne vous fasse ficher à la porte pas son sapeur, ce qui pourrait bien arriver.

— Tiens ! dit Frise-Poulet, paraît qu'il est bien difficile d'avoir de la musique pour son argent !

Le sous-officier essaya de démontrer la dignité de son peloton instrumental, et ne parvint guère à prouver autre chose aux matelots que la nécessité de vider un certain nombre de bouteilles en supplément.

Suffisamment surexcités par ces libations abondantes, les amphytrions reconnurent qu'il fallait aller droit chez le colonel, ce qu'ils exécutèrent le moins mal qu'il fut en leur pouvoir. Leurs facultés oratoires n'avaient encore éprouvé aucune atteinte, et même on peut affirmer qu'ils se sentaient plus de verve et d'ardeur que jamais.

Le sapeur de planton les introduisit.

Il est bon d'avertir que le titre de colonel n'étant pas usité vis-à-vis des capitaines de vaisseau, nos matelots y substituèrent la seule qualification qui fût de ton dans la circonstance :

— Commandant, dit Cagnard qui se flattait avec raison de mieux porter la voile que son matelot, commandant, nous venons vous demander un petit service, pour notre argent bien entendu. — Rien pour rien, chacun son métier comme on dit. — Si c'est un effet de votre complaisance.

Le colonel retroussa sa moustache et regarda le beau parleur d'un air sévère.

— Que voulez-vous ? dit-il brusquement.

—Faut pas vous fàcher, commandant, continua le quartier-maître, il n'y a pas de quoi, nous voudrions seulement louer pour demain toute la journée la musique de votre régiment.

—Ah ! ça vous avez bu un coup de trop ou vous êtes fous?

—Pour êtrefous, non, commandant, répondit Frise-Poulet, et soûls encore moins. Seulement j'ai hérité d'un chargement d'écus, je fais la noce et je veux de la musique choix sur choix !

Le colonel était en bonne humeur, il laissa continuer :

— On nous a dit, voyez-vous, que vos trompetteurs et vos fifres et le reste du bastringue, c'était du tapé dans le genre distingué. Moi, j'ai pensé que si vous étiez un peu bon enfant vous ne refuseriez pas la chose. Je ne regarde pas à l'argent, d'abord, j'en ai *plentifuly*, en masse, en veux-tu ? en voilà ! comme un marchand de cochons, sauf votre respect, commandant. — Je pairai, là, ce qu'ils voudront, continua Frise-Poulet tapant sur ses poches pleines de monnaie. De l'or, du papier timbré, j'en ai à volonté, voyez plutôt.

L'hériter montrait en effet les cinq ou six billets qu'il avait encore sur lui.

— Et ce n'est pas tout, j'en ai de quoi

acheter un trois mâts chez M. Martel, mon lieutenant de la *Cléopâtre.*

Cagnard enchérissait en faux-bourdon, il insistait sur le point capital, la musique à louer.

Le colonel, égayé, les écouta jusqu'au bout, mais refusa net.

Cependant, être précédés dans leur promenade par une escouade de musiciens garance, était un plaisir trop vif au goût des matelots pour qu'ils n'insistassent pas avec une opiniâtreté qui ne tarda pas à fatiguer l'officier supérieur.

— Quand je dis non, c'est non ! Allez vous en à tous les diables !

— On s'en va ! on s'en va ! pas tant de

colère ! On voulait vous acheter votre marchandise, on vous aurait payé le fret à votre volonté, ça ne vous va pas. Eh bien ! bon soir commandant. Quittons-nous bons amis, pas de rancune. D'abord le curé est pour la paix il nous l'a dit tout-à-l'heure. Vive le curé ! vive la paix ! vive monsieur Martel ! Allons chez la mère Cartahu !

— Ces matelots ont parfois des idées impayables, dit gaîment le colonel a quelques officiers témoins de cette scène et qui en riaient à leur aise.

Quant aux marins, une fois dans la rue, ils se regardèrent tristement :

— Pas moyen ! dirent-ils, nous prendrons des bourgeois !

L'idée fixe de Frise-Poulet était la supc-riorité des curés sur les *commandants de troupe* ; il était choqué du refus de l'auto-rité militaire, et ne cessait de répéter :

— Ces *pious-pious* de malheur, c'est bête depuis le premier jusqu'au dernier, ça ne comprends rien de rien.

Cagnard lui-même se lassa de la mono-tonie des réflexions de son camarade :

— Tu ne *dérapes* pas de ton refrain, lui dit-il ; tu rêvasses toujours la même chose. Viens dîner, tu feras mieux.

— Quelle heure est-il?

— Je n'ai pas de montre, tu sais bien.

—Je t'en achèterai une ce soir.

A ces mots ils montèrent dans l'appartement aux princes. La mère Cartahu y avait dressé un couvert splendide, et n'avait pas négligé de s'inviter elle-même au festin. Fatigués de leurs démarches infructueuses auprès du colonel, les matelots s'en rapportèrent à leur hôtesse pour le choix de la musique, et, quand ils sortirent de table, il était convenu qu'elle recruterait tous les artistes de la ville et des environs pour la fête du lendemain.

Loin d'augmenter leur état d'ivresse, le dîner remit les vigoureux gabiers dans leur assiette ordinaire.

La cloche du soir, qui annonce la fin des travaux du port, n'avait pas encore sonné, et par conséquent l'équipage de la *Cléopâtre*, retenu à bord, ne s'était pas rué dans la ville; Cagnard et Frise-Poulet, en atten ant leurs camarades, descendirent les escaliers sinueux qui conduisent de l'auberge de *l'Ancre couronnée* à la grande rue de Brest, avisèrent un magasin de bijouterie des plus renommés, y entrèrent et demandèrent à voir des épaulettes de général.

Le marchand, comme tous ceux des ports de mer, avait l'habitude des fantaisies étranges des marins ; il leur en étala cinq ou six paires brodées, brillantes et couronnées d'ancres et d'étoiles.

— Ce que vous avez de plus beau, dit Frise-Poulet. C'est trop petit tout ça ; on dirait qu'on a pleuré pour avoir du *reluqué* dessus ; j'en veux de luisantes comme un soleil.

Le bijoutier se ressouvint d'une monstrueuse vieillerie espagnole, clinquante mais éblouissante dont il ne pouvait se débarrasser depuis plus de dix ans.

— J'ai votre affaire ! s'écria-t-il.

En effet, les deux matelots trouvèrent admirable le nouvel échantillon.

— Vous faudra-t-il autre chose ?

— Nous allons voir.

Frise-Poulet choisit une montre pour lui et en fit prendre une autre à Cagnard. Ils restèrent encore longtemps à examiner le magasin, et les seules choses qui les tentèrent à la fin, furent deux sifflets d'argent et deux lunettes d'approche, toujours de dimensions démesurées.

L'héritier paya sans marchander, métamorphosa en or tout le reste de son avoir et garnit sa ceinture ainsi que celle de Cagnard.

Si le galon de laine du quartier-maître n'eût été double, tandis que Frise-Poulet, en sa qualité de gabier, n'en avait qu'un simple sur la manche, tous deux eussent été exactement costumés de la même manière. Ils portaient également un chapeau ciré, sur le ruban duquel se lisait le nom de la *Cléopâtre*, un collet de chemise bleu à raies blanches, une veste d'uniforme à boutons ancrés, une cravate et une ceinture rouge, un large pantalon de toile grise, des bas blancs et des escarpins. Comme pour rendre la similitude plus complète, ils avaient chacun leurs télescopes en bandouilière, leur étuis de fer-

blanc, destinés à la feuille de route, sus-
pendus à la boutonnière par des faveurs
roses, et enfin ils tenaient d'une main un
sifflet d'argent, et de l'autre une épaulette
de contre-amiral.

Dans ce pittoresque accoutrement ils se
dirigèrent vers la grille de l'arsenal et se
trouvèrent en face de leurs camarades au
moment où les travaux cessèrent et où l'é-
quipage entier se précipita dans la ville.

A bord de la *Cléopâtre*, l'après-midi
avait été employé à payer le décompte ; le
lendemain matin on devait délivrer les
congés. L'allégresse la plus bruyante re-
tentissait sur les quais et dans tous les ca-
barets.

L'ancre Couronnée surtout était inondee
de marins.

Toute la nuit, dans les bas quartiers de Brest, l'ivresse et l'orgie tinrent sur pied les gendarmes et les patrouilles, ainsi qu'il arrive toujours après le désarmement d'un grand navire.

Cette nuit si joyeuse à terre était pourtant horrible en rade. La violence du vent d'est ne faisait qu'augmenter, et la mer avait pris l'aspect d'une immense nappe blanche. — Plusieurs coups de canon de détresse jetèrent l'alarme dans Brest, et l'on craignit que le jour n'éclairât quelque désastre.

En attendant, les matelots de la *Cléopâtre* se battaient avec la garde, dansaient des rondes sur les places, chantaient à tue tête, et préludaient de leur mieux à la

noce flamboyante annoncée par Cagnard
au nom de Frise-Poulet.

La mère Cartahu et ses servantes se
multipliaient.

Dans l'appartement aux princes, les
meilleurs camarades des deux gabiers pro-
posaient les idées les plus folles pour le
jour suivant.

Mutique et Gigolard deux anciens baleiniers du *Harpon*, compagnons des destinées de Frise-Poulet, le fécond Madurec ,
Barbari le chanteur, Racan le timonnier
amateur de belles lettres, Lubin de Sar-
zeau, et plusieurs autres prenaient tour à
tour la parole, mais ne la cédaient pas aisément, en sorte que trois ou quatre orateurs péroraient à la fois.

Frise-Poulet et Cagnard trônaient majestueusement.

Puis on chantait, puis on buvait puis on contait.

Barbari assis entre Gigolard et Madurec disait avec véhémence :

— A propos d'embarcation sauvée à la mer, écoutez ! au large de Calcutta, étant sur le *Saint-Jacques*, nous rencontrons une chaloupe faisant signal de détresse ; le capitaine met le cap dessus, envoie une amarre, et voilà un tas de brigands qui nous tombent sur le corps ; pas moyen de résister ! Pour sa peine, le capitaine fut tué le premier ; voyant ça je croche une planche et je me fiche à l'eau dessus, donc que *la Serpentine* de Nantes me repêcha..

C'est-il une raison pour ne pas porter secours aux navires en détresse?... non! n'est-ce pas Madurec?...

Gigolard l'un des baleiniers était généralement taciturne, mais le vin blanc le rendait expansif :

— Ah! dit-il en soupirant, j'en connais un de la société qui a été forban, pirate et tout, sans mauvaise intention, faut le dire!... malgré ça, si Gigolard n'a pas été pendu à un bout de vergue, c'est purement par chance.

— Ecoutons! écoutons Gigolard, s'écria Frise-Poulet.

La voix de l'amphytrion apaisa pour un moment le tumulte général ; Barbari et

Madurec se turent ; Mutique se contenta
de dire :

— Si Gigolard parle , ça va-t-être quelque scélérate d'histoire de malédiction.

Lubin et Racan, affriandés par l'exorde,
cessèrent de disserter sur les théâtres de
Bordeaux et de Marseille, dont la comparaison les occupait naguère exclusivement.

— Oui ! dit Gigolard, une vraie histoire
de damnation, c'est la mienne ! et pas de
ma faute. Malgré ça, votre curé de Brest
qui parle si bien, me tremperait en grand
dans l'eau bénite et me ferait des signes
de croix quinze jours de suite sur la face,
qu'il aurait bien du mal à m'ôter la cen-
tième partie seulement des péchés, pira-
teries, assassinats de toutes sortes qu'on

m'a forcé de faire... Quand je bois un peu trop de vin rouge, j'ai idée que c'est du sang et ça me chavire.

Mutique versa charitablement un verre de vin blanc à Gigolard :

— Toi, Barbari, poursuivit le baleinier, tu as été ramassé en mer par un navire de chrétiens, *la Serpentine* de Nantes, quoi !... mais moi par un navire de pirates finis, négriers soi-disant, voici la chose : — Etant sur *la Bonne-Mère* du Hàvre sortant de Porto-Rico, nous faisons côte ; les trois quarts se noient ; il y en a qui se sauvent à terre ; passe un grand brig qui met sa chaloupe à l'eau, ils me repêchent : — « Merci, matelots, que je dis ; j'ai perdu mon sac et tout ; si vous voulez me prendre à votre bord et me donner une couple de chemises, où vous irez, moi j'irai ! » Le patron de la chaloupe était un Espagnol plus jaune que de la vieille basane, il se met à rire en-dessous ; — « Tu conteras tout ça au capitaine, dit-il, assez blagué. » Nous voilà rendus à bord. Le capitaine était un gros qui avait l'air bon enfant, des joues rouges, un ventre, une veste blanche, grand chapeau de Manille, des yeux pas mé-chants : — « Qu'est-ce que tu es toi ? » me dit-il en espagnol : — « Matelot français !» — « Matelot ! vrai matelot ?... » — « Dam ! que je réponds, on me l'a toujours dit. » — « Voyons ! » En parlant de même, il me fait faire trois ou quatre nœuds, m'envoie en haut, me commande de descendre par le grand étai et ensuite me met à la barre pour voir si je sais bien gouverner. Ça com-mençait de me juguler ; mais les officiers avaient des mines d'enfer, ceux de l'équipage des balles de flibustiers finis , ils étaient cinquante, et du nombre, il y avait Requin.

— Requin ! s'écrièrent à la fois tous les amis de Frise-Poulet.

— Requin ! répéta Gigolard, c'est aussi pourquoi à bord du *Harpon* ou de *la Cléopâtre*, je ne disais rien de tout ça ; si Requin l'avait su j'avais son couteau entre les côtes, c'est sûr !

— Eh bien donc ?

— Eh bien ! le brig était un négrier, *la Marsopla*, de la Havane : — « Mon garçon, me dit le capitaine avec une voix bien douce, bien calme, nous faisons la traite, ça te va-t-il ? Si tu restes avec nous tu auras ta part comme le premier venu : si tu ne veux pas rester, faut le dire de suite. »

— « J'y suis, j'y reste ! capitaine. » J'avais de l'œil, oui matelots, j'avais de l'œil, j'en réponds. Si seulement j'avais fait semblant d'avoir ce qui s'appelle un *escrupule* de demeurer avec eux, l'on m'amarrait un sac de sable autour du cou et l'on m'envoyait par le fond.

— Vrai ?...

— J'ai vu faire à plus de quatre ce que je vous dis là, et encore fallait avoir la mine de rire. Requin, en ces temps, riait de bon cœur... Oh! le brigand !... et dire que j'ai encore tombé à faire campagne avec lui sur le *Harpon* !...

— Après ?...

— Pour lors, me voilà négrier, nous filons sur la côte, nous prenons chargement de bois d'ébène, on les arrime dans la cale; navigue bien, en route pour la Havane!... A vingt lieues au large, alerte!.. La marchandise se révoltait. On ferme les panneaux sur leur tête, on démarre deux canons que nous avions à l'arrière, et le capitaine commande d'être paré à faire feu : — « Paré! » dit Requin, le boute-feu d'une main, la corne d'amorce dans l'autre. — Les nègres, faut le dire, avaient eu l'invention de couper leurs fers, ils s'étaient démarrés l'un l'autre, mais voyant les panneaux fermés, comme ils étouffaient en dedans, il leur vint en idée de crever le pont. Qu'est-ce qu'ils font? ils se mettent tous l'un à côté de l'autre, les épaules sous les bordages, et poussent de toutes leurs forces. Ils étaient là trois cents, hommes, femmes et enfants; ils poussaient tant qu'ils pouvaient, et vu que l'entrepont n'avait pas plus de quatre pieds de haut, ils faisaient un effet terrible avec leurs trois cents paires d'épaules. Le pont craquait, c'était la rage, le tremblement.

Gigolard passa la main devant ses yeux :

— Allons, Gigolard, allons ! demandèrent tous les matelots de *la Cléopâtre*.

— J'en sue encore quand j'y pense. Le capitaine, si calme d'habitude qu'on l'aurait pris pour un bon bourgeois, innocent comme l'agneau qui vient de naître, se met à faire des yeux rouges de feu; c'est la première fois que je l'ai vu en colère. Autrement, il commandait d'échigner un

homme comme je tuerais une puce. —
« Ah ! scélérat de sort ! démonio !... qu'il
criait, ma cargaison est fichue ! » dit-il.
Requin et les autres juraient aussi comme
un tas de damnés : — « Allons ! Allons !
commande le capitaine, les petits chevaux
et vivement. » Je ne savais pas ce qu'il voulait dire avec ses petits chevaux, mais
les autres prennent de suite trois grands
barils de biscaïens en forme de marrons
avec des piquants de fer de tous côtés.
Ils sèment ça sur le pont, menu comme
grèle, serré à se toucher tout à l'entour
des panneaux, puis les voilà qui ouvrent,
et rallient derrière où nous étions avec des
fusils et les deux canons chargés à mitraille. Pour lors, au lieu d'achever de dé-
foncer le pont, les nègres commencent de
courir en haut avec leurs ferrailles en
main à seule fin de nous assommer. Mais

vu qu'ils étaient tous nus, comme de juste, les pointes de fer des petits chevaux leur entraient dans les pieds ; les premiers qui montent tombent à plat dans leur sang ; les autres les poussent, marchant dessus, tombent plus loin ; et pour lors attrape à faire feu. De manière qu'ils furent deux cent cinquante tués ou avariés si fort, que le capitaine n'en voulut plus et les fit jeter à l'eau. Voilà ce que j'ai vu, matelots, voilà ce que j'ai vu !...

Un silence complet régnait dans l'appartement aux princes; la lugubre histoire de Gigolard glaçait la joie des amis de Frise-Poulet. Cependant on voulait savoir la suite ; tous les yeux interrogeaient ardemment l'ancien négrier.

La mère Cartahu qui faisait sa ronde, entendit quelques mots par hasard ; elle prit un siège, pour avoir sa part des mémoires sanglants de Gigolard :

— Mais tout ça n'est encore rien, poursuivit-il, nous n'avions plus de cargaison, le capitaine en voulait une autre ; qu'est-ce qu'il fait ? il remet le cap sur la côte. Nous rencontrons un traînard portugais qui commençait son chargement du temps que nous finissions le nôtre au bas de la rivière. *La Marsophla* lui appuie la chasse !... Le Portugais avait quatre cents nègres à bord. Pour lors comme tu penses, il se charge de toile, nous aussi, la barbe en fumait. Nous autres nous marchions mieux. Nous le prenons ; on tue l'équipage, on choisit les plus beaux nègres, deux cent cinquante à peu près qu'on arrime dans notre cale, et après le capitaine commande avec sa petite voix bien douce, de saborder le navire portugais. On n'a jamais rien vu de pareil !... Oh ! le scélérat de capitaine, avec son gros ventre et sa face de beau temps !.. Depuis l'époque, je me méfie toujours des gros hommes avec l'air bonenfant, c'est une couleur !...

— J'en ai pourtant connu des maigres qui étaient chiens ! objecta Racan.

— Vois Quarantaine ! dit Madurec, il est comme un clou de cuivre habillé en rogneur de portion... ce n'est pas la graisse qui le gêne.

— Allons ! Gigolard, va toujours, dit Frise-Poulet.

Gigolard continua :

— En entendant le capitaine qui commandait de saborder le trois-mâts, Requin se frottait les mains et riait... Moi j'avais la glace dans le dedans des os, mais celui qui aurait eu l'air de n'être pas content, on l'aurait écharpé de suite. J'étais donc forcé de travailler aussi comme un de ces forbans de damnation.......

— Et donc! murmura la rubiconde hôtesse de *l'Ancre couronnée,* vous avez coulé le Portugais avec les cent cinquante nègres qui restaient à bord.

— Justement, madame Cartahu, avec les nègres, les blancs, les vivants, les morts, les blessés et tout, vu que le capitaine de *la Marsopla* ne voulait pas laisser à la traîne des preuves contre lui... Ah! quel métier! quel métier! matelots.

— Tonnerre de Brest ! interrompit Cagnard, Mustique avait crânement raison en disant que l'histoire à Gigolard était une histoire de damnation. S'il fallait se coucher avec ça, je rêverais des abominations toute la nuit.

— J'en ai rêvé plus de quatre ans de suite, moi, murmura Gigolard, et voilà même le motif pourquoi je suis un peu triste d'habitude.

— Il y a de quoi ! Jésus Seigneur ! s'écria la mère Cartahu... mais ensuite, s'il vous plait, M. Gigolard.

— Eh bien ! d'avoir sabordé le trois-mâts, ça n'empêcha pourtant pas qu'un brig de guerre anglais nous rencontre, nous trouve suspects, et nous appuie la chasse quatre jours de suite. Sans un coup de vent qui nous sépara, Gigolard, mes fils, aurait fini pendu à un bout de vergue, car l'Anglais n'entend pas la raison; et quand même, tous les forbans n'auraient pas manqué de conter une histoire pareille à la mienne. Pour moi, c'était la vérité; pour les autres ou la plupart, de la blague; mais le moyen de connaître celui qui dit vrai d'avec celui qui conte une invention. On commence par vous mettre la corde au col, et voilà l'explication finie. J'ai vu ça, sur une corvette anglaise, où j'ai navigué dans mon jeune temps; — j'ai vu hisser au bout de la grand'vergue un pacotilleur de Paris qui allait vendre de la cire à moustaches aux Sauvages, et que des pirates avaient fait cuisinier à leur bord. Après ça, sur *la Marsopla*, je n'étais sûrement pas le seul qui fît le métier par force,

mais on ne se disait pas ça entre soi ; fallait se méfier ! Le soir où nous sabordâmes
le trois-mâts, un bordelais nommé Simon
qui était avec nous, dit comme ça que
cette vie de forban lui chavirait le cœur.
Dix minutes après le capitaine l'appelle :—
« Simon, dit-il , notre métier te chavire
le cœur, pas vrai?... » Simon le bordelais,
plus pâle qu'un linge , ne répondait rien :
— « Eh bien ! voilà qui te chavirera la cervelle ! » En même temps il lui casse la tête
d'un coup de pistolet. — « Bien fait ! dit
Requin, ça grossit la part ! » car bien entendu nous naviguions à la part. Arrivant
sur la côte de la Havane, nous rallions
l'habitation de notre armateur, un ancien
général espagnol, un saint homme à ce
qu'il se dit dans le pays.... Oh ! c'est curieux !... Le général descend à la côte avec
les nègres de sa maison menant un troupeau

de bœufs. Nous débarquons de nuit notre bois d'ébène ; nous mettons en place à bord tout notre bétail ; car, vois-tu, les bœufs et les nègres, ça donne au bord la même odeur. On met à terre les trois quarts de l'équipage, et voilà le capitaine avec son chapeau de Manille, sa veste blanche, son gros ventre et son air bonhomme qui rentre au jour dans le port, comme un bon marchand de bœufs venant de Porto-Rico.

— Ah ça, M. Gigolard, demanda la mère Cartahu, comment vous êtes-vous tiré de là ?

— Plus aisément que je ne pensais, vu qu'on démolit *la Marsopla* au retour du voyage, et pour ma part j'eus deux mille gourdes payées *rectà*... Je vous ai déjà dit que le général notre armateur était quasiment un saint homme ; il n'aurait pas fait tort d'un réal à un matelot du négrier… mais pour quatre et cinq fois plus d'argent, et pour cent fois aussi, matelots, Gigolard ne voudrait pas recommencer…

— Voilà donc, s'écria Frise-Poulet, la vraie raison qui faisait que tu avais tant peur de Requin?…

— Peur ! non, dit Gigolard ; s'il fallait se battre avec lui, je ne brasserais pas à culer, mais je me méfiais de ses traîtrises. Je le connais, moi ; il est forban dans l'âme, et tant qu'il peut faire ses coups en-dessous, il n'y manque pas. A Sainte-Catherine, si j'avais pu, j'aurais passé le premier du bord du capitaine et du lieutenant, quoi qu'ils eussent les Anglais pour eux. Mais pour lors Requin me harponnait comme il manqua de te harponner, toi, Frise-Poulet..... Après, depuis l'époque, j'ai le cœur chaviré, la tête faible, et le diable à mes trousses !....

— Va voir le curé, dit Cagnard; il te guérira.

— Va voir le curé, répéta Frise-Poulet, c'est un bon homme.

— Oui, M. Gigolard, ajouta la mère Cartahu, vous feriez bien d'aller voir le curé comme ils vous disent.

— On verra ! on verra ! murmura Gigolard retombé dans son humeur noire.

Mutique lui versa une nouvelle rasade.

Et Barbari s'écria :

— Décidément, j'aime mieux un conte de Madurec, c'est plus drôle, et pas vrai... Ce Gigolard m'a donné une colique, quoi ! avec ses forbans de malheur.

— Eh bien ! Barbari, chante nous quelque chose d'amusant... ne faut pas se coucher là-dessus.

Pour ranimer la gaîté presque éteinte, Barbari entonna sur l'air : *Un grenadier c'est une rose*, la chanson des marins français.

Le matelot sur mer comme sur terre
   Il se mani' mais crânement ,
Il se débrouill' près d'la particulière
   Tout de mêm' comm' dans le gréement.   *(bis)*
     C'est avec le même avantage
     Qu'il vous empoigne à l'abordage,

Un' Française ou bien un Anglais.   (bis)
Voilà, voilà, voilà,
Voilà le matelot français !
Voilà, voilà, voilà,
Voilà le matelot français !

Frise-Poulet en personne entonna le couplet *du Gabier;* Racan débita de droit celui du *Timonnier :*

Le timonnier connu pour l'élégance
  Près des belles comme au combat,
Sait manœuvrer avec intelligence
Et sonde en faisant les beaux bras !   (bis)
Il trouv' le fond d'un cœur rebelle,
Au *gouvernement* est fidèle,
Et *tient journal...* de ses succès !   (bis)
Voilà ! voilà ! voilà ! voilà !
Voilà le timonnier français !

La louange du *calfat* échut en partage à Mutique ; Cagnard célébra *les maîtres et les quartiers-maîtres.* On passa sous silence le couplet *du Chauffeur,* car on était entre les vieux de la cale, ennemis de la vapeur et des roues dont le règne, du reste, commençait à peine à cette époque.

Thomas le contre-maître rompit le silence pour chanter *le calier*, et Madurec d'une voix cassée annonça le couplet de Quarantaine, avec un sérieux digne des plus grands éloges :

> Le cambusier, ne faut pas qu'on s'en moque,
> Il a ses talents, Dieu merci !
> Primò, son pouc' qu'il met dedans sa moque,
> Pour le compt' du maître commis.   *(bis)*
> Puis il fait pencher la balance,
> Sait carroter avec prudence,
> Flibuster gamelle et bidon,
> Voilà, voilà, voilà, voilà,
> Voilà le vrai rogne portion !

On n'avait pas fini de rire qu'Austerlitz apparut à point nommé, pour chanter le couplet *du mousse*.

En l'honneur de madame Cartahu, Racan le timonnier improvisa celui de l'hôtesse.

L'hôtesse méritait une place importante dans cette galerie maritime; madame Cartahu se montra reconnaissante en versant à boire à la ronde, sans oublier Austerlitz.

Enfin Barbari conclut glorieusement en chantant le couplet final intitulé :

Tous les marins sont canonniers.

Grâce à cet intermède musical, la sombre histoire de Gigolard fut oubliée, les joyeux propos reprirent de plus belle, et l'on ne parla plus guère que des amusements décrétés pour le lendemain.

Quand chacun aurait sa feuille de route et sa canne, alors seulement on était censé devoir commencer. — Cependant la division de flacons vides qui sautaient par les fenêtres pouvaient faire préjuger à l'observateur le moins rigoriste que les choses n'étaient déjà pas mal en train.

XVI

Les épaulettes d'amiral.

En recevant la lettre de son ami, l'enseigne Billancourt jeta un regard sur le ciel, où de rares nuages blancs et floconneux couraient du nord-est au sud-ouest avec la rapidité de la flèche.

— Mon Dieu ! dit-il, pourquoi ne m'apprend-il pas ce qu'il veut de moi. Demain, demain cette brise ne sera point appaisée, elle fraîchit toujours, la mer devient affreuse ! que ne m'a-t-il appelé à terre, j'irais ! je le puis à la grande rigueur !

Cependant, par un temps pareil, en l'absence du commandant, le devoir du second est de ne point quitter le navire.

— Son mariage éprouverait-il quelque obstacle ? se demandait Billancourt. Tout a si bien marché jusqu'ici que je tremble, en vérité ce serait le premier mariage que j'aurais vu si facile !.... Bon Martel, il est véritablement heureux, lui !... il mérite ce bonheur !

L'enseigne Billancourt songea sans doute

à un beau rêve déçu, à un doux espoir brisé; — qui n'a point caressé une chimère, qui n'a eu son jour d'illusion? — Billancourt s'était bercé aussi d'une espérance.

A cette époque, remontait sa liaison avec Martel, car avant la campagne de ce dernier à bord de *la Cléopâtre*, les deux enseignes, alors élèves, avaient navigué ensemble à bord d'un vaisseau, où cachant tous deux leurs secrètes pensées, ils se les étaient avouées pendant un quart de nuit.

L'élève de marine amoureux serait tourné en ridicule par tous ses camarades si sa passion venait à être découverte, il la dissimule donc avec le plus grand soin; mais, si par bonheur, un collègue se trouve atteint du même mal et qu'ils se devinent,

oh ! alors, quelles longues et douces causeries ils feront ensemble ! que de projets
ils bâtiront pendant leurs heures de veille!
qu'ils trouveront de charme dans ces con-
fidences dont le meilleur résultat est d'en-
gendrer de nobles et durables amitiés.

Martel n'avait rien perdu ; Billancourt
moins favorisé n'avait gagné qu'un ami
sûr et dévoué à ses sentimentales confes-
sions.

Celle qu'il avait aimée, s'était mariée
l'hiver passé, sous ses propres yeux.

Telle était la cause du soupir d'Eugène,
cœur loyal qui eût été digne d'être sincè-
rement payé de retour.

— ...... Mais non ! Martel n'a rien à

craindre, reprit le jeune officier en second, il veut seulement m'annoncer de vivevoix l'époque de son mariage, il a peut-être quelque service de circonstance à me demander... En entendant cette brise, il eût mieux fait de m'écrire.... demain, il ventera tempête !.. non ! non ! je ne veux pas attendre, je vais au-devant de ses désirs !

Eugène de Billancourt s'adressant alors à l'enseigne de garde, le pria de faire armer un canot. Mais, il n'avait pas fini de donner cet ordre, qu'une raffale plus forte ébranla la corvette, un choc se fit sentir à bord, l'une des chaînes du corps-mort cassait.

— Plus de canot! plus de canot! je reste! s'écria le jeune officier en courant à l'avant où de difficiles manœuvres d'ancres l'occupèrent pendant presque toute la nuit.

Requin, en cette occasion déploya une force herculéenne, une adresse et une habileté rares.

— Il faut reconnaître, pensa le lieutenant de *la Sylphide*, que *la Cléopâtre* nous a donné là un vigoureux gaillard et un fin matelot.

Quand Billancourt rendait ainsi hommage aux qualités de Requin, Frise-Poulet et ses camarades réunis dans l'appartement aux princes écoutaient avec une sorte d'horreur les récits affreux de Gigolard; alors aussi Martel et Sophie assis l'un près de l'autre, la main dans la main, échangeaient de longs et tendres regards.

A peine, à de rares intervalles, une parole de miel coulait-elle des lèvres de Sophie mollement penchée sur la causeuse du salon. Cette parole, on la devine. Il n'y a qu'une idée, qu'une expression pour les amants heureux. Elle murmurait son amour. Et Martel répétait bien bas ce mot éternel qui s'échappe du cœur comme un parfum divin.

Madame Cimard placée auprès de la lampe, souriait à ces deux enfants dont elle avait préparé l'union depuis bien des années.

En vérité, c'était là un amour aussi rare que simple, une exception qui devrait hélas ! être la règle. Aucune entrave, aucun chagrin, aucune contrariété n'avait nui à l'élan de ces deux cœurs faits pour s'aimer.

Sophie, de temps en temps, levait les yeux vers sa mère, et muette de reconnaissance, elle la remerciait d'un regard dérobé à Martel. Le bonheur embellissait encore la charmante jeune fille; ses joues s'étaient colorées d'un incarnat plus vif et plus velouté, son sourire laissait entrevoir ses dents aussi blanches que la neige, dans ses yeux brillait une expression de joie sereine et naïve.

Au dehors grondait la tempête irritée, Sophie et Martel n'entendaient pas ses grincements furieux. Leurs âmes bercées par le souffle embaumé de l'amour, flottaient sur une onde limpide où l'avenir se reflétait en ravissantes images. Le passé que leur mutuelle confiance avait rendu si doux, fuyait à l'horizon comme un songe doré, sans laisser à leurs cœurs le regret du bonheur dédaigné ou du temps perdu; ils n'avaient point dépensé en prodigues les précieux instants de la jeunesse, ils avaient su amasser les trésors de leur tendresse candide; aussi savouraient-ils tout entières les ineffables délices du présent.

Leurs soupirs mélodieux se confondaient en un soupir; ils bénissaient le ciel de leur avoir fait un amour si parfait et si pur. Car Sophie, toute jeune qu'elle était avait déjà vu plusieurs de ses compagnes attristées par cette peine cruelle que l'on nomme le désir, torture secrète qui fane les plus belles fleurs sur leurs tiges, qui fait pâlir la rose, et dessèche le lys.

Et Martel ! combien de ses amis avaient rêvé un bonheur semblable au sien. Mais au retour de la mer, celle que les plus

chères pensées entouraient d'une auréole
d'ardentes affections, en avait épousé un
autre !.... c'était là l'histoire d'Eugène.
Ou bien elle n'aimait pas ; ou encore l'am-
bition des parents, les convenances de fortune, mille causes semblables, avaient brisé
les doux espoirs de ces jeunes marins, ras-
sasiés de douleur désormais, et désormais
insensibles à l'attrait d'une affection chaste
et poétique.

Entre cent, entre mille, Martel et Sophie méritaient le nom de fortunés. Madame Cimard, mère prudente et tendre,
avait doté sa fille de cette dot qui manque
si souvent au mariage et dont le monde
tient si peu de compte, parce que ce n'est
tout simplement que le bonheur

— Mes enfants, demanda tout-à-coup

la bonne dame en interrompant son ouvrage, vous ne parlez pas d'une visite assez extraordinaire que vous auriez reçue
cet après-midi.

— Deux matelots, dit Sophie.

— Deux matelots, dont l'un, s'il faut
en croire les domestiques, vous aurait con-
fié une somme considérable....... quelque
conte, n'est-ce pas ?

— Pardonnez-moi, ma mère, dit la
jeune fille, rien n'est plus vrai; ils ont
laissé à Réné trente mille francs en billets
de banque, fruit d'un héritage qu'a fait
le plus jeune des deux, appelé, je crois,
Frise-Poulet.

— Mais racontez-moi cela, je vous prie,

ajouta madame Cimard. Austerlitz, à la cuisine, en rompait la cervelle aux servantes, je l'ai prié de se retirer; du reste il m'en a paru fort aise.

— Je le crois bien, s'écria Martel en riant, le drôle n'aura pas manqué d'aller rejoindre Cagnard et Frise-Poulet dont l'opulence ne recule devant rien. Je crains fort que mon valeureux mousse ne se compromette dans leurs festins de grands seigneurs.

— Ce sera donc par ma très-grande faute, je le confesse! dit madame Cimard.

Martel raconta l'histoire de l'héritage et la visite au curé, il parla des conseils de ce respectable prêtre, et de l'effet qu'ils avaient eu, car sans lui les deux matelots n'auraient assurément pas songé à leur dernière démarche.

Martel analysait les discours de Cagnard et de Frise-Poulet au grand plaisir de madame Cimard, mais Sophie ne tarda point à prendre la parole :

— En même temps que Réné, dit-elle, j'ai eu l'excellente idée de marier avec Frise-Poulet la fille du vieux Cagnard, Fantik, une charmante blonde, qui est, au dire de son père....

— .... Quasi aussi jolie que vous..... interrompit Martel en riant.

Sophie se prit à rire de l'interruption :

— Eh bien ! oui, dit-elle; maître Cagnard a bien voulu me gratifier du compliment, et je l'accepte. Nous , ma mère, nous avons pris le mariage de Fantik et de Frise-Poulet sous le patronage du nôtre.

— A merveille, mes enfants, ajouta madame Cimard touchée de la bienfaisante inspiration des deux fiancés.

Martel expliqua comment il comptait employer les trente mille francs de Frise-Poulet, Sophie parla du trousseau de noces de Fantik.

Ces propos remplirent d'une manière charmante les dernières heures de la veillée. Mais quand l'enseigne se retira, il n'eut garde de promettre de ne point aller en rade le lendemain.

Sophie ne pensait plus à la tempête.

La tempête grondait pourtant de sa voix la plus menaçante; et Requin qui venait de se signaler sous les yeux de Billancourt en manœuvrant les ancres de *la Sylphide*, Requin examinait avec une joie sinistre, le ciel et la mer en disant :

— A demain ! à demain ! M. Martel. Tu ne m'échapperas plus !... Ah ! tu crois que tu vas te marier...... tu es content.... tu touches à ton bonheur.... bon !... Ah ! tu m'as arrêté à bord *du Harpon,* tu m'as fait donner douze coups de corde, tu m'as fait condamner à trois ans de service, tu m'as empêché de déserter au large, tu es l'auteur qu'on m'a fait passer par la bouline ; à mon tour, maintenant, à mon tour.., je te tiendrai donc à la fin des fins...

Requin rêva qu'il étranglait Martel.

Cagnard et Frise-Poulet firent des rêves moins tragiques malgré les épouvantables récits de Gigolard.

Le samedi, en s'éveillant, les deux matelots se trouvèrent tout habillés, chacun sur l'un des lits moëlleux à rideaux rouges de l'appartement aux princes. Après une lutte assez courte contre les fumées bachiques qui les rendaient plus lourds que de coutume, ils se mirent sur leur séant. Frise-Poulet regarda l'heure à sa montre; mais, comme il n'avait pas eu la précaution de la monter la veille, il n'en fut pas plus avancé, et, se rappelant la multitude de choses qu'il avait à faire avant midi, il sauta d'un bond au milieu de la chambre, prit la paire d'épaulettes et sortit avec Cagnard, en recommandant à la mère Cartahu de ne pas *manquer à l'appel*, hors des portes de la ville avec tout son monde.

Une idée lumineuse avait éclairé le gabier, il avait trouvé un moyen ingénieux d'offrir à Martel le fameux cadeau de noces, mais fier de sa trouvaille, il n'en dit rien à son compagnon, et mit le sujet de la conversation sur les charmes de Fantik dont Cagnard fit l'éloge avec une complaisance toute paternelle.

— C'est une fille taillée en goëlette de Bayonne, elle vous a une paire *d'écubiers* qui vous regardent comme les barquettes de Cadix, et un gréement noir soigneusement relevé sous sa coiffe. Vois-tu, il n'y a pas sa pareille dans Brest. Elle ressemble comme deux gouttes d'eau à la poupée de *Cléopâtre*, seulement l'avant de la petite est un peu plus mignonnement travaillé.

— Eh bien ! matelot, je retournerai donc au pays.... à Morlaix !... Tu te rappelles, je ne voulais pas, rapport à ma pauvre bonne femme... mon Dieu! mon Dieu ! dire qu'elle est morte !

— Calme-toi, mon fils, calme-toi, dit Cagnard, et souviens-toi des bonnes paroles du curé. Nous avons fait pour elle autant que pour ton oncle..... elle sera contente. Sois calme et laisse-moi te parler de Fantik qui est quasiment ta femme.

— Si ça lui va, répondit Frise-Poulet, ça me va !

— Je voudrais bien voir,.... nom d'une pipe, s'écria Cagnard, que la fille de ton matelot ne voulût pas de toi.

— Si elle avait du goût pour un autre.

— Défendu !

— Si elle avait une idée contre moi.

— Contre le matelot à Cagnard !..... Non, Frise-Poulet, Fantik est une honnête fille, et ce que je lui commanderai, elle le fera raide comme balle !......, c'est un cœur d'or, vois-tu, fils ; une perle mignonne, une enfant gentille et douce,...... En te la donnant, je la garde... vive monsieur Martel et sa promise ! et vive le curé !

— Vive le curé ! répéta Frise-Poulet.

— Une barque de pêche ou un caboteur, toi armateur, moi patron, toi second, Petit-Pierre mousse !..... O navigation de cocagne... je dis, moi, que le roi ne sera pas mon cousin.

— Bon ! matelot ! bon !... tout ça me met vent dehors, vent dedans ; j'ai des fois la larme à l'œil, d'autres fois l'envie de rire et de danser tout seul comme un fou.

Il était environ dix heures du matin, quand les deux marins faisant ainsi de beaux projets d'avenir, frappèrent à la porte du petit jardin.

— M. Martel n'est pas encore arrivé, leur dit la bonne.

— Ce n'est pas lui que nous cherchons, répliqua Frise-Poulet, nous avons à dire quelque chose à mademoiselle.

La servante les fit entrer à la cuisine et alla demander à sa jeune maîtresse si elle pouvait recevoir les mêmes matelots qui étaient déjà venus la veille.

Sophie inquiète du temps qu'il faisait encore, fut bien aise de les consulter sur les dangers que pouvait offrir la rade; elle dit de les introduire dans le salon.

Frise-Poulet entièrement remis de sa timidité de la veille, prit aussitôt la parole :

— Mademoiselle, vous êtes bien aimable de nous recevoir. C'est que nous voulons faire un petit cadeau à M. Martel, et si vous voulez le lui donner de notre part, ça lui fera deux fois plus de plaisir.

La jeune fille sourit en rougissant et demanda de quelle nature était ce présent, pour lequel on jugeait son entremise si nécessaire.

L'orateur déroula aussitôt un vaste foulard rouge dans lequel se trouvait la paire d'épaulettes.

— Il ne peut pas manquer de devenir contre-amiral, pour le moins; alors, voyez-vous, mademoiselle, ça lui ira tout-à-fait.

Sophie se prit à rire; puis, n'osant refuser de crainte de blesser l'amour-propre des gabiers, elle leur adressa ses remercîments avec une grâce qui les enthousiasma.

— Oui, mademoiselle, M. Martel a bien fait de vous prendre pour sa femme, s'é-

cria Cagnard, vous êtes faits l'un pour
l'autre, comme une voile pour sa vergue.

— Et comme ces épaulettes pour ses
épaules, ajouta Frise-Poulet enchanté de
l'à-propos.

Sophie sourit encore; puis, ramenée à
ses inquiétudes par une bouffée de vent
qui grinçait aux feuilles naissantes des ar-
bres, elle jeta un regard sur la mer.

— Croyez-vous, demanda-t-elle à Cagnard, qu'il soit prudent d'aller en rade
aujourd'hui.

— N'y allez pas, mademoiselle ! dit vivement le quartier-maître, c'est du fichu
temps, parlant par respect.

La jeune fille pâlit, et les matelots s'en aperçurent.

—Après ça, il y a aller et aller; si monsieur Martel est dans le canot, vous pouvez être tranquille ; faudrait que le diable s'en mêlât pour faire un malheur.

Cette dernière phrase ne rassura guère Sophie; mais ensuite, ne voyant passer aucune embarcation , elle espéra que son fiancé ne trouverait pas de moyens de transport pour se rendre à bord de *la Sylphide.*

Cagnard et Frise-Poulet se dirigèrent aussitôt vers les bureaux de la marine afin d'y prendre leurs feuilles de route.

A midi, toujours dans le même costume que la veille, embelli cependant de gilets

à ramages, ils firent leur apparition sur la
place du rendez-vous et signalèrent leur
arrivée par une foule de rossignolades sur
leurs sifflets d'argent.

L'équipage de *la Cléopâtre* y répondit
par des houras.

XVII

Le canot de la Sylphide.

Le matelot proprement dit, le véritable matelot est un enfant du littoral dont l'histoire est constamment la même. Fils d'un pêcheur ou d'un marin, il a passé ses premières années dans les bateaux de pêche ou de pilotage, sur les quais du port, à bords des navires de commerce. Un jour il s'est embarqué comme mousse; il s'est embarqué par instinct et parce que c'est la coutume des gars de son pays. Dès sa plus tendre enfance, il était déjà familiarisé avec la vie maritime, il sautait sur le premier caboteur venu, donnait la main à l'ouvrage pour une galette de biscuit ou un vieux paletot, et rentrait le soir chez sa mère, après avoir vécu toute la journée sans rien lui coûter. Mousse, à bord il est devenu l'humble serviteur de tout le monde, du commandant, des officiers, des élèves, des maîtres et des matelots. Grondé, houspillé, malmené, battu parfois, fessé en cas de peccadille, il était malgré cela rieur et content. Il a fait rudement l'apprentissage d'une rude profession. Depuis il court le monde.

C'est chose rare qu'il n'ait servi qu'a-
vec des Français. Il a d'ordinaire *navigué
à l'américain*; il hache l'Anglais, et bara-
gouine l'espagnol ; il a fait deux ou trois
voyages à la traite, (ce qui est vrai, surtout
pour le temps auquel se rapporte notre
histoire), il a fait plusieurs fois aussi la pêche de la baleine ; enfin il a été levé pour
le service de l'état par son commissaire
qu'il damne du fond de l'âme.

Le commissaire de l'inscription maritime
est son ennemi né, son cauchemar, son
épée de Damoclès. Car le matelot déteste
la marine militaire ; on fait de lui un *piou-
piou*, on l'oblige à passer des inspections,
à se mettre en rangs, à répondre à des ap-
pels sans nombre.

— « Ce n'est pas que la chose soit dure,

disait Cagnard à ce propos ; métier de fainéant, tout bien compté. On dort la moitié de la nuit, on est dix fois plus qu'il n'en faut pour l'ouvrage ; on ne *bourlingue* pas le quart comme au marchand ; mais on est là côte-à-côte avec des tambours et des conscrits, c'est embêtant.

— Ensuite, reprenait Frise-Poulet, il semblerait qu'on n'a pas d'idées, faut tout faire par ordonnance, passer sa vie à demander des permissions pour aller au sac, et avec ça être en tenue, qu'on a l'air d'un *cabillot* !

Grâce à la flexibilité de leur caractère, les matelots se plient bien vite au joug et deviennent compères et compagnons des conscrits, ou gens levés pour la marine par le recrutement ordinaire, mais ils n'en conservent pas moins une secrète antipathie pour le service de l'État.

Aussi quel beau jour que celui du congédiement difinitif, quels cris de joie ! quelles fêtes ! Le décompte est touché, la feuille de route délivrée, on est libre enfin pour quelque temps ; plus de sacs, plus de guêtres, plus de troupiage !

Déjà la plupart des matelots de *la Cléopâtre* avaient ajouté à leur costume réglementaire une foule d'ornements de fantaisie. Des bérets de formes et de nuances variées, des chemises de couleur, quelques unes à jabots, des pantalons rayés, des habits bourgeois et même des cravates blanches, détruisaient l'harmonie de l'uniforme pour donner lieu aux contrastes les plus imprévus. Toutefois, le bâton et l'é-

tui de ferblanc étaient communs à tous,
et, à défaut d'autre indice, on pouvait reconnaître à ces meubles consacrés par la
tradition, les convives de Frise-Poulet.

La maîtresse de l'*Ancre-Couronnée* et les
invitées suivaient l'orchestre ; les deux
groupes se confondirent, chaque matelot
renouvela connaissance avec une payse,
ou offrit le bras à une inconnue.

Madurec donnait le sien à Périne Langue-d'Argent, coiffée d'un capuchon de
velours qui précédemment avait brillé au
bal masqué du Trocadero. Barbari, pour
sa part était entre Colimaçon et l'Escargot,
deux jumelles. Le caporal Barrot venait
ensuite avec Tête-de-Mouton, dont le nez
rose avait une réputation bien établie sur
toutes les escadres du Levant et du Ponant;

Lubin-le-Chouan conduisait la gentille Toinette native comme lui de Sarzau ; Alexis-le-Parisien s'était fait chevalier d'Athénaïs la factrice du café des Trois-Ancres. Cécilia-la-Mauricaude qui avait suivi au Sénégal un fourrier des équipages de ligne, n'avait pas dédaigné le timonnier Racan capable aussi de lui réciter des *verses*. Mutique le baleinier avait avisé la Parisienne, « bel échantillon de la capitale, disait-il, une femme premier brin, tout satin et falbalars, dont il n'y avait pas mèche de faire le tour avec les deux bras. »

Le sombre Gigolard, oubliant ses infortunes de forban à contre-cœur, faisait le galant auprès de madame la baronne.

Célina, le Rossignolet, Blanc-de-Baleine, Caput-equi, ainsi surnommée par les carabins de la marine, Jeanne-la-Blonde , Mariannik, la Filasse, Françoise, Cire-à-Giberne, la veuve Oyou, Petite-Reine, la Garde-Montante, Couteau-Pointu, et deux cents autres moins célèbres, de l'âge de quinze à l'âge de cinquante ans, celles-ci en chapeaux, celles-là en coiffes, en bonnets, en cheveux, celles-ci vêtues en servantes ou en paysannes, celles-là en costumes brillants, délices des bals du Mérinos ou du Porc-Épic, toutes avaient leur cavalier portant l'étui de ferblanc à la boutonnière.

Frise-Poulet et Cagnard mirent entr'eux la rubiconde hôtesse de l'*Ancre-Couronnée*, la musique marcha en tête, et la bande, en quelques minutes, arriva au grand jardin de *Pafosse*.

Une table gigantesque, contournant les

allées et se repliant sur elle-même comme un câble au fond d'une cale, avait été dressée par les soins de la mère Cartahu qui, dans cette occurrence difficile, s'était surpassée elle-même. L'orchestre fut installé sur une estrade, le festin commença.

Muse ! quels sons éclatants préludèrent aux débuts de ce repas mémorable dont le potage fut exilé en vertu des decrets de Frise-Poulet, le gabier d'artimon ? — Entendit-on d'abord l'air de la *fricassée*, ou bien la ronde de l'avant :

> — Que portes-tu dans ton giron ?
> — C'est un pâté de trois pigeons.
> — Assieds-toi là nous l'mangerons !

Fut-ce un air breton ou un refrain provençal ?

— Non ! ce fut d'un chant héroïque et solennel que les binious, les clarinettes et les trombonnes, accompagnés par les grosses caisses, les fifres et les cymbales firent retentir d'abord les bosquets de la banlieue.

Racan le timonnier, avant d'engloutir d'une bouchée une aile énorme de volaille, put dire à Cécilia la Mauricaude :

— Voilà mes amours endimanchés, voilà la *grrrande marrrche* de *la Cléopâtre*, tirée de l'opéra de Moyse, que tu aurais pu voir à Bordeaux ou à Marseille, si les chances de la navigation t'y avaient menée aussi bien que dans ton scélérat de Sénégal.

— Ne dis pas de mal de mon fourrier,

Racan, ou je n'en suis plus! s'écria la Mauricaude, il faisait les *verses* mieux que toi.

— Cécilia, flamme de mon âme, si tu réclames pour ton âne, je te démolis la mandane... Laisse-moi chiquer le légume, tu verras après, comment je m'en tire quand je m'en mêle, et ne romps plus de la cervelle de ton fourrier, carroteur de gamelle. Si tu ne veux pas que je te rapplatisse, mon petit cœur, comme une pièce de six liards... A ta santé!

Cécilia, radoucie, trinqua et but.

La marche de Moyse tonnait, on la reconnaissait passablement, quoique les vielles et les orgues de barbarie ne jouassent pas exactement le même air.

L'amphytrion avait ordonné à la maîtresse des cérémonies d'indiquer au chef d'orchestre, l'illustre Ratafia, de choisir pour ouverture ce morceau qui avait maintes fois été embouché par les clairons de la frégate.

C'était un air patriotique pour l'équipage, Barbari et Racan y avaient mis en collaboration des paroles matelotes qu'il n'était pas temps de chanter.

Racan fredonna seulement les quatre premiers vers à l'oreille de sa voisine.

Le veau et le mouton rôtis, la salade et des vins tricolores circulaient abondamment entre les deux rangées de convives, au nombre de six cents : — trois cents matelots, trois cents particulières.

O magnanime Frise-Poulet, dans ta libéralité tu ne fis d'exception pour personne. La cambuse même était invitée ; le maître-commis en habit noir et cravate blanche, occupait une des places d'honneur. Le capitaine-d'armes siégeait près de cet insigne bourgeois, car tu étais sans rancune, et si quelque gendarme eût fait partie de l'équipage, nul doute que tu l'eusses admis au banquet. Tu voulus dans ta munificence que Quarantaine, le plus jaune des distributeurs, pût boire et manger à tes frais et dépens ; tu permis que cet abominable rogneur de portions fût le cavalier de Madeleine-la-Rousse, cœur sensible aux boutons argentés d'un surnuméraire des subsistances.

Les mousses étaient assis à l'extrémité du jardin de *Pafosse*. Là, on voyait Pomadin, Patira, Gazette, Petit-Piment et Austerlitz à qui M. Martel n'avait pu refuser la permission de prendre part à la fête.

Les maîtres présidaient de distance en distance à des groupes de leurs professions respectives. Maître Saleur était assis au milieu des gabiers; maître Beauzeuil, surnommé Canon, au milieu des chefs de pièces et chargeurs.

Tout était payé d'avance, à raison de dix francs par tête. Et madame Cartahu veillait au grain. C'était bien le moins, puisqu'un de ses fidèles dépensait hors de *l'Ancre Couronnée*, six mille francs pour un seul repas; c'était bien le moins que rien ne manquât et qu'il n'y eût ni flibuste ni carrote. D'ailleurs, madame Cartahu avait touché sa commission et voulait gagner en conscience les trois cents francs que Frise-Poulet lui avait donnés.

Frise-Poulet et Cagnard s'étaient assis l'un à côté de l'autre.

A cette exception près, depuis le bout des maîtres, jusqu'à celui des mousses exclusivement, chacun était à côté de sa chacune.

La mère Cartahu occupait la gauche du fier héritier de Marie-Joseph Broalon. Elle se multipliait, courant, malgré sa corpulence, de l'orchestre à l'office et à la cuisine, gourmandant les servantes, observant tout d'un coup-d'œil, donnant des ordres et ne perdant pas pour cela sa part de plaisir.

Ses trois mentons caracolaient sur sa grasse poitrine, et d'une voix attendrie, elle disait à maître Saleur :

— N'est-ce pas, mon vieux, que voilà des petits qui entendent crânement la chose ?

— Oui, mon ancienne, oui, ça me rappelle mon temps de corsairien quand nous revenions les poches pleines de parts de prises... Un bon temps, mère Cartahu. pas vrai, maître Canon ?

Maître Canon n'était pas fort loin quoique cinquante convives le séparassent du vieux maître Saleur, mais les ondulations de la table sinueuse, comme on l'a dit, les plaçaient dos à dos.

Canon fit demi-tour à droite, Saleur

demi-tour à gauche ; le chef de timonnerie
M. Vrimond était aussi tout proche et sé-
paré seulement de Racan par Cécilia la
mauricaude.

Une fois sur le chapitre des corsaires,
les trois maîtres ne tarissaient plus ; en
cours de campagne dans le poste de la
maistrance, ils n'avaient pas eu de plus
doux passe-temps que de se raconter leurs
courses d'autrefois en anathématisant l'Angleterre et les Anglais :

— Ces caïmans, si je les tenais, s'écria
maître Saleur, comme je te leur ferais
tour mort sur le passage à la turlutine.

— Je voudrais, continua Beauzeuil dit
Canon, ne leur servir que mitraille à dé-
jeûner, boulet rond à dîner, boulet ramé

à souper et ainsi de suite, pour rôti, salade et dessert.

— Et moi donc! fit M. Vrimond, que ne donnerais-je pas, pour mettre en ronde soignée sur le journal du bord : « Pas plus d'Angleterre que de beurre! elle s'est fondue au soleil! nous naviguons droit dessus l'endroit où était leur London. » On jetterait le plomb de sonde : — « Quel est le fond? » — « Fond d'os anglais, mon capitaine! » Ça serait-il là un drôle de fond!

— C'est fini! vous parlez bien, chef. Vous êtes un vrai, tout comme nous; trinquons à la coulaison du pays de ces sans-cœur!

Et ils trinquèrent sans rire.

Qu'on leur pardonne cette haine aveugle ; tous trois avaient passé par les pontons, tous trois avaient vu périr leurs meilleurs camarades, et le bonhomme Vrimond était toujours violemment ému quand il racontait la fin misérable de son ami , de son *matelot*, mort à côté de lui, à plat pont, dans la batterie malsaine d'un de ces cachots flottants.

— Et après ça, poursuivait-il . on vient me dire que je suis rancunier ; je suis trop bon au contraire ; je me reprocherai toute ma vie d'avoir sauvé deux Anglais qui sans moi se seraient noyés comme des poules.

Racan le timonnier ne manqua pas de trinquer avec les trois maîtres :

— A bas les Anglais ! cria-t-il à pleins poumons.

— A bas les Anglais ! répéta d'une voix aiguë Cécilia la mauricaude.

Ce fut le signal d'une explosion de clameurs qui domina le tintamarre musical.

Maduraç et Périne Langue-d'Argent, Thomas le contre-maître de la cale et Blanc-de-Baleine, Tête-de-Mouton et le caporal Barrot, Barbari, l'Escargot, Colimaçon, Alexis-le-Parisien, Athénaïs-la-Factrice, tous enfin jusqu'à Quarantaine et Madeleine-la-Rousse, jusqu'à Patira, Gazette, Austerlitz et Petit-Piment dont les voix enfantines purent être prises pour des voix du beau sexe, hurlèrent avec enthousiasme :

— A bas les Anglais !

— Du blanc ! du blanc ! toujours du

blanc ! disait le sombre Gigolard à madame la baronne, quand on me verse trop de rouge, j'ai idée que c'est du sang...

— Sais-tu que tu n'es pas amusant, oi ! dit la baronne, ce vin là est bleu d'abord.

— J'en veux du blanc !...

— Tu n'en auras pas !... n'y en a plus !

— J'en veux tout de même, baronne, ou je te fais entrer dans cette bouteille.

A cette menace effroyable, la baronne, femme de tête, versa un plein verre d'eau-de-vie à Gigolard qui chancela, but, sourit, et roula sous la table.

Les choses ne se passèrent pas aussi simplement partout, mais nous ne saurions raconter en détail les nombreux épisodes qui ont rendu à jamais célèbre dans Brest, Recouvrance et la banlieue, le grand repas de *la Cléopâtre.*

Nous dirons seulement, à la louange de Frise-Poulet et de Cagnard, qu'ils se continrent dans les bornes d'une modération louable. Placés l'un auprès de l'autre, ils devisaient de M. Martel et de Sophie, de Fantik et de leurs projets.

Calmes au milieu de la tempête, et fiers de leur ouvrage, ils admiraient la fête et se souciaient du reste asssez peu des coups de poing échangés, des coiffes mises en pièces et des cris aigus qui, de temps à autre, dominaient le charivari des instruments.

Après le dîner, on dansa.

Ici , brillèrent surtout Mutique et le caporal Barrot qui vida sa cartouche pleine de tabac dans les yeux de Tête-de-Mouton, parce qu'elle ne savait pas battre un entrechat avec assez de grâce.

Mutique était de l'école baleinière , il dansait comme à la Nouvelle-Zélande. Barrot était de l'école militaire, il chassait et déchassait avec une gravité magnifique.

Tête-de-Mouton se lava les yeux et ne se tint pas pour battue , mais elle se rangea sous la protection de Mutique, las de trimballer la Parisienne.

A quatre heures, quand la danse parut

ennuyeuse au plus grand nombre, tous les matelots avaient changé de compagnes, on s'était battu, brouillé, raccommodé ; il fut décidé à grand renfort de gosiers et de coups de sifflet qu'on traverserait la ville en chantant et qu'on se rendrait sur le bord de la rade, à la Ninon, hameau où Madurec le conteur avait placé l'histoire de l'enfance fabuleuse de Requin. A la Ninon, l'on devait terminer dignement la journée.

Il fut décreté en même temps que la musique se tiendrait aux ordres de Barbari qui abandonna l'Escargot et Colimaçon pour une canne de tambour-major.

Barbari fit un moulinet.

Un silence relatif s'établit d'un bout à l'autre du bataillon de *la Cléopâtre.*

Hommes et femmes se donnaient le bras, de manière à embrasser toute la largeur de la Grande-Rue.

L'orchestre attendait les ordres du chanteur qui choisit, comme adapté à la circonstance, le refrain annoncé du reste la veille au soir :

> Je vais revoir mon vieux père,
> Ma chaumière et mon troupeau.

Et la cohorte se remit en marche, hurlant à tue-tête la romance sentimentale.

La populace escortait, hurlant aussi.

Lorsque les marins congédiés traversèrent le port dans les chaloupes de passage, il n'y eut qu'un très-petit nombre de chutes à l'eau, dont aucune n'amena de résultat dramatique. En arrivant à la Ninon, ils se répandirent dans toutes les guinguettes de la localité.

Les musiciens et le peuple se mêlèrent à l'équipage. La mère Cartahu était rentrée chez elle ; Frise-Poulet n'était plus amphytrion, en sorte qu'une foule de scènes partielles remplacèrent l'unité qui jusqu'alors avait présidé aux plaisirs des matelots.

Cagnard, Frise-Poulet, Madurec, Barbari et quelques autres, qui avaient renoncé à la compagnie du beau sexe, s'attablèrent dans un cabaret situé tout au bord de la mer.

— Quel temps ! matelot ! quel temps !

Il vente à arracher la peau du ventre au diable ! Faudrait avoir du toupet pour aller en canot aujourd'ui !

Frise-Poulet achevait cette réflexion, lorsqu'une embarcation de *la Sylphide* s'élança sur les lames et se dirigea vers l'entrée du port. Cagnard avait à peine eu le temps de braquer sa longue-vue, qu'emportée par la brise sous sa misaine, la barque, qui semblait s'engloutir à chaque seconde, se trouvait à moitié chemin de terre.

— C'est Requin qui gouverne ! s'écria le quartier-maître.

Frise-Poulet regardait aussi très-attentivement.

— Oui, dit-il, c'est ce forban de Reqüin; apparemment qu'il est patron du grand canot de la corvette !

.   .   .   .

Bien d'autres yeux étaient fixés avec terreur sur l'audacieuse embarcation. Sophie, qui de sa fenêtre l'avait aperçue, tremblait de tout son corps, Martel ne s'était pas présenté chez elle de toute la journée.

— Mon Dieu! mon Dieu! il va se rendre en rade aujourd'hui, j'en suis sûre, et il fait plus mauvais temps encore qu'hier.

Elle se mit à genoux, les mains jointes, priant avec ferveur, ne cessant de regarder la voile maudite qui échappa bientôt à sa vuë en entrant dans le port.

Martel, lui, se trouvait accoudé sur le parapet d'où l'on dommine la baie de Brest, et voyait venir avec joie le canot de *la Sylphide*.

— Merci, Billancourt, pensait-il, tu n'a pas craint de braver les ordres timides des chefs pour obliger ton vieux camarade.

Si Martel avait su ce qui se passait dans le cœur de son ami et de sa fiancée, il aurait probablement renoncé à sa visite.

Billancourt frissonnait. Debout sur la dunette de *la Sylphide*, il croyait à chaque instant que le canot allait disparaître, et se reprochait amèrement de l'avoir expédié. Mais la lettre de Martel était si pressante et Requin avait paru, un instant avant, si sûr d'aller et de revenir sain et sauf, que l'officier de garde s'était rendu aux insinuations du baleinier. Deux minutes avaient suffi à l'intrépide patron pour déborder du navire; il avait en quelque sorte surpris l'ordre d'aller chercher monsieur Martel.

L'enseigne de *la Sylphide* sentait peser sur lui une formidable responsabilité, car le signal de suspendre toute communication avec la terre avait été fait quelques heures auparavant. Si un accident arrivait, quels reproches n'encourait-il pas! Ses craintes redoublèrent quand il vit sortir du port le grand canot avec plus de toile au vent qu'il n'en avait tout-à-l'heure.

— Laissez-moi faire, monsieur Martel, avait dit le baleinier en souriant, laissez-moi faire, je connais cette embarcation comme ma poche ; dans cinq minutes nous serons à bord.

Là-dessus, Requin avait largué un ris, et jeté sur son gouvernail un regard semblable à celui de la veille; il en caressait la barre comme un bravo, le manche de son stylet.

Martel, enveloppé dans un manteau ciré, s'assit en pensant à Sophie, au plaisir d'annoncer son mariage à Billancourt, et peut-être à celui qu'il éprouverait en rendant compte, le soir même, à sa fiancée, de son aventureuse expédition.

La jeune fille, cette fois, ne vit pas l'embarcation reparaître sur la mer; la disposition des terres ne lui permettait pas d'apercevoir le canot, que le patron laissait dériver à dessein, en établissant mal sa misaine.

Martel, absorbé dans ses réflexions, et d'ailleurs simple passager, ne se mêlait point de la manœuvre.

— Bien, bien, pensait Requin, *à nous deux tout-à-l'heure* !

Frise-Poulet et Cagnard, leurs lunettes à la main, reconnurent l'officier dans le canot, et, le voyant la tête basse, indifférent à ce qui se passait autour de lui, ils redoublèrent d'attention.

— J'ai peur, murmura le quartier-maître.

— J'ai peur, moi aussi, dit son matelot.

Austerlitz qui les entendit frissonna.

Un cri, mille cris partirent soudain du rivage.

Le canot de *la Sylphide* venait de chavirer. Cagnard, Frise-Poulet et quelques autres, animés par le plaisir, et cédant à leurs généreux instincts, s'élancèrent à la mer; ils nagèrent vers le lieu du désastre.

La marée était pleine et forte, la mer démontée, mais le canot était entraîné à la plage par le vent et par le courant.

Les hommes de *la Sylphide* se tenaient à la quille; arrachés par les lames à leur point d'appui, ils parvenaient toujours à le reconquérir. Requin et Martel seuls ne paraissaient jamais à côté des autres naufragés.

Cependant Cagnard et ses compagnons ne tardèrent pas à atteindre le but de leurs efforts. Ils virent le baleinier nageant d'une main, et de l'autre retenant le jeune officier qui, embarrassé dans son manteau ne se débattait plus que faiblement.

XVIII

Le convoi,

L'orgie faisait silence. Les trois cents matelots et les femmes qui les accompagnaient, la populace ameutée, tous les habitants du village étaient assemblés sur la grève ; chaque lame qui déferlait rappro-

chait le canot et les hommes pendus à sa
quille. L'embarcation ainsi ballottée, semblait devoir arriver lentement à la rive ;
mais les rochers couverts par la mer lui
barrèrent tout-à-coup le passage ; les marins de la *Sylphide* poussèrent alors un
horrible et dernier cri de détresse.

Une lame plus furieuse que les autres
arracha violemment la barque du banc où
elle venait d'échouer, la souleva de nouveau au milieu de sa crète d'écume, et ,
lâchant enfin sa proie comme un aigle qui
ouvrirait les serres, l'envoya se briser en
mille pièces contre la rangée de récifs.
Les mâts, les voiles, les débris de toute espèce, les hommes même roulèrent ensuite
pêle-mêle vers le bord.

Le premier qui se dressa sur la plage

fut Cagnard ; il tenait dans ses bras Martel entièrement privé de connaissance.

Les femmes s'empressèrent autour du jeune officier ; on crut s'apercevoir qu'il respirait encore, les soins les plus attentifs lui furent prodigués. Les autres naufragés évanouis ou blessés furent aussi recueillis successivement.

Le quartier-maître, les bras croisés sur la poitrine, faisait face aux flots ; il allait s'y élancer une seconde fois, quand deux corps hideusement enlacés l'un à l'autre tombèrent lourdement à ses pieds.

C'étaient ceux de Frise-Poulet et de Requin.

La main du dernier serrait convulsivement à la gorge le cadavre de son ancien camarade du *Harpon.*

Le baleinier, se sentant enlever Martel par le brave quartier-maître, s'était accroché à l'héritier avec la rage d'une vengeance déçue. Aussi, tandis que l'enseigne était sauvé par l'un des deux amis, l'autre resta seul en butte à la haine du terrible patron. Une infériorité de forces déjà connue et que ne tendaient pas à diminuer les excès de la journée, la lourde ceinture du gabier congédié, son costume plus gênant qu'à l'ordinaire, étaient autant de chances de succès pour Requin.

Cependant, à l'expression de leurs traits, on sentait qu'une lutte acharnée devait avoir eu lieu.

Aucun des deux ne s'était noyé.

Il était facile de reconnaître que l'ami de Cagnard était mort étranglé par le patron.

L'on s'expliquait aussi simplement la fin tragique du meurtrier : — Épuisé par ses efforts et son double combat sous-marin, Requin n'avait pu se débarrasser de sa victime, et devenu le jouet des vagues, il s'était fracassé la tête contre les rochers.

Le quartier-maître se pencha sur le corps de son ancien camarade; le cœur ne battait plus, les lèvres étaient bleuâtres et immobiles :

— Pas un souffle! rien; calme plat! dit-il sourdement.

Dégageant alors des étreintes de Requin

les restes de son cher *matelot*, il s'en chargea lui-même et courut à l'auberge où il les
déposa sur un lit. Dès qu'il eut rempli ce
pénible devoir, il ne contint plus ses larmes, et plongé dans la douleur, resta étranger à tout.

L'équipage de *la Cléopâtre* fit aussitôt
trois brancards ; on plaça sur le premier
Martel, dont l'état demandait encore beaucoup de ménagements. Les cadavres furent
étendus sur les autres civières, et la troupe,
sortie si joyeuse des portes de Recouvrance une heure avant, rentra proces-
sionnellement dans la ville comme un
convoi funèbre.

Lorsqu'on débarqua sur les quais de
Brest, après avoir traversé le port, le triste
cortège n'était plus composé que d'une

cinquantaine des hommes les plus dévoués à l'officier et à Cagnard.

Les uns, donnant le bras au quartier-maître, suivirent les corps inanimés jusqu'à l'hôpital de la marine.

Les autres furent guidés vers la demeure de madame Cimard par le mousse Austerlitz qui, retrouvant son maître à la Ninon, ne l'avait pas perdu de vue.

La vieille dame et sa fille poussèrent un cri d'effroi au moment où l'enseigne pâle et défait entra soutenu par quelques matelots. Sophie hors d'elle-même courut à lui, le serra dans ses bras par un mouvement passionné plus puissant que la pudeur; elle ne rougit point, elle tremblait.

Agitée par mille sentiments divers,

muette de terreur, heureuse cependant, elle tomba à genoux et pleura de reconnaissance en remerciant le ciel d'avoir sauvé son fiancé.

Les marins se retirèrent avec une discrétion qui prouve le tact naturel à ces braves gens, rudes et grossiers dans la vie ordinaire, mais sensibles et doués d'un instinct de bonté qui ne leur fait jamais défaut à l'occasion. Austerlitz seul resta auprès de son maître pour le servir.

Martel, ému jusqu'aux larmes, essayait de faire le récit de ce qui s'était passé ; mais madame Cimard l'interrompit et l'obligea de prendre un repos dont il avait le plus grand besoin.

Alors Austerlitz raconta la catastrophe

sans en déguisr aucun détail. Instruit par les réflexions des anciens de *la Cléopâtre*, il déduisit parfaitement les causes de la rancune féroce du baleinier et décrivit très-exactement la position désespérée dans laquelle se trouvait son maître, lorsque Cagnard et Frise-Poulet étaient venus lui porter secours

Pendant que le jeune novice parlait ainsi, Sophie contemplait la figure décolorée de son futur époux qui s'était involontairement laissé aller au sommeil.

La mort cruelle de ce sémillant gabier qui le matin encore était venu lui remettre son étrange cadeau pour Martel, la fit frissonner ; elle soupira en songeant à ce mariage arrangé par elle, la veille, entre Frise-Poulet et la fille de Cagnard.

— Et pourtant, sans ces deux braves matelots, René succombait à la vengeance d'un misérable ! pensa-t-elle en joignant les mains et levant les yeux au ciel.

Austerlitz veilla son maître en pleurant sur la mort de Frise-Poulet.

. . . .

Le lendemain, Cagnard, la douleur peinte sur la figure et dans un désordre de costume qui indiquait assez combien sa nuit avait été cruelle, demanda la permission de parler à l'officier.

Martel le reçut et n'osa même pas le remercier de son dévoûment.

— Lieutenant, au nom de Dieu ! je vous

en prie, venez à notre secours, dit le marin, on ne veut pas me rendre le corps de mon matelot. Il faut que vous le réclamiez à l'hôpital. On l'a jeté à l'amphithéâtre à côté de ce renégat de Requin damné. Ce n'est pas juste, ça ; Frise-Poulet était congédié, il doit être enterré comme un homme et comme un chrétien. Demain cette messe qu'il avait commandée pour d'autres sera la sienne.

Cagnard n'en put dire davantage.

L'officier lui promit son concours et tint parole.

Les cadavres avaient été déposés sur la table de marbre destinée aux dissections, par un homme qui a figuré dans les premiers chapitres de cette histoire.

Jules Piton, cuisinier du *Harpon*, ayant renouvelé à terre quelques-uns de ses méfaits maritimes, avait enfin trouvé sa punition. Forçat au bagne de Brest, il était infirmier dans l'hôpital. Le misérable ne reconnut pas sans terreur la farouche physionomie de son complice du trois-mâts baleinier ; puis voyant de loin Cagnard qui venait réclamer le corps de Frise-Poulet, il eut soin de se soustraire à ses regards. Il ne put éviter ceux de Martel, quand celui-ci vint à son tour faire la même démarche, dans laquelle il réussit sans peine.

A l'aspect de l'ignoble figure du galérien qui roula devant lui, dans un linceul, les restes de l'infortuné gabier, l'enseigne détourna la tête avec dégoût, mais jeta cependant sur la dalle sanglante une pièce d'argent à celui qui venait de rendre un dernier service à son protégé.

Le lundi matin, tout l'équipage de *la Cléopâtre*, rassemblé dans l'église Saint-Louis, assistait à l'office funèbre célébré pour Frise-Poulet. La plupart des matelots avaient retardé leur départ de Brest pour être présents à cette triste cérémonie. Ils se tenaient dans un religieux silence, à droite et à gauche du cercueil, en costume de voyage, avec leurs bâtons et leurs étuis de ferblanc.

Dans une chapelle reculée, madame Cimard et sa fille unissaient leurs prières à celles des marins.

Plus loin, dans un angle obscur de la nef, on aurait pu voir dévotement agenouillées et vivement émues, la mère Cartahu et plusieurs de ses folles invitées.

Le premier banc était occupé par Martel en uniforme, et Cagnard, qui pleurait à chaudes larmes.

Madurec, Barbari, Racan et Lubin, tous quatre de l'intimité du malheureux matelot, Mutique et Gigolard ses deux compagnons du *Harpon*, tristes et pensifs, essuyaient leurs yeux en regardant l'infortuné quartier-maitre.

Pour descendre le perron de l'église Saint-Louis, Cagnard n'avait plus la force de marcher, Martel le soutint, et suivit l'enterrement du gabier à qui ses anciens camarades firent la conduite jusqu'au cimetière.

Jamais équipage congédié n'était sorti en pareil ordre des portes de Brest; un respect muet remplaçait les bruyants refrains du départ.

Le cortége marchait lentement, une foule immense l'accompagnait.

Lorsque tout fut fini, quand la fosse se referma, Barbari, Madurec et quelques autres s'approchèrent de Cagnard et l'embrassèrent.

— Adieu ! pauvre ancien, dit Madurec, calme-toi, calme-toi, il y a un bon Dieu pour Frise-Poulet.

— Comme il y a un diable d'enfer pour ce scélérat de Requin, murmura Gigolard.

La plupart des matelots s'élancèrent sur la route, et eurent bientôt oublié cet épisode funèbre, en songeant au bonheur qui les attendait dans leurs familles. Le peuple reprit le chemin de Brest.

Madurec, Barbari, Racan, Lubin et les
deux baleiniers sortirent ensuite du cimetière, et longtemps l'éloge de Frise-Poulet
fut l'objet de leurs tristes causeries :

— C'était un fin matelot! un cœur de
brave, un français! disait Madurec d'un
ton pénétré. Quand il est devenu riche,
pas fier! Il a donné sur son argent au curé,
pour les pauvres, et quand j'y pense, aussi,
pour cette grande messe que nous venons
d'entendre!...

— S'il n'avait pas eu payé d'avance,
matelots, dit Barbari, surément nous au-
rions fait notre devoir...

— Oui! *la Cléopâtre* l'aurait enterré!
avec nos économies nous étions assez ri-

ches. Pauvre Frise-Poulet, il plaignait son oncle de n'avoir pas fait la noce avec cet argent de l'héritage... et voilà maintenant plus des trois quarts de l'argent qui reste, et Frise-Poulet est mort !

Les six compagnons de voyage causèrent ainsi jusqu'à Landernau où Lubin et Racan prirent la route de Nantes, tandis que Madurec et Barbari gagnaient le Hâvre. Les deux baleiniers se décidèrent à rester à Landernau. Nous ne suivrons pas plus loin les derniers camarades des deux amis.

A la fin, il n'était plus resté auprès de la tombe, que Cagnard et Martel : ni l'un ni l'autre n'osait rompre le silence.

Enfin, le quartier-maître faisant un effort sur lui-même :

— Monsieur Martel, quand sera votre noce ?

— Je ne sais pas encore, mon ami, mais toi, que vas-tu devenir?

— Je pars pour Morlaix de suite; j'attends ici une voiture : car, voyez-vous, je n'ai plus le cœur à rire et à chanter avec les autres; c'est pourquoi je n'irai pas à pied.

L'enseigne pensait au dépôt de Frise-Poulet, mais ne trouvant pas le moment favorable pour en parler, il se contenta de dire :

— Je t'écrirai dans peu de jours, adieu !

———

Billancourt fut condamné à un mois d'arrêts forcés ; cette circonstance retarda le mariage de Martel qui s'était fait un point d'honneur d'attendre son ami ; mais, sur les entrefaites, *la Sylphide* ayant appareillé pour les Antilles, rien ne s'opposa plus à la réalisation du vœu le plus ardent des fiancés.

Le jour de la bénédiction nuptiale, dans la même église d'où était sorti le cercueil de Frise-Poulet, le patron d'un grand bateau de pêche de Morlaix, récemment décoré d'une médaille d'argent, se tint caché tout le temps derrière une des colonnes. Ses prières pour les nouveaux époux étaient simples et sincères; une secrète douleur l'oppressait cependant, car l'aspect des lieux et la pieuse cérémonie réveillaient également en lui de tristes souvenirs. Tout, jusqu'à la figure du prêtre qui était à l'autel, le portait à faire de cruelles réflexions.

— Mon Dieu ! mon Dieu ! pensa-t-il en soupirant, à l'heure qu'il est, mon vieux matelot pourrait cependant se marier à Fantik, et nous naviguerions tous les jours ensemble dans cette barque achetée de son argent.

On conçoit que l'enseigne avait écrit et fait accepter à Cagnard l'héritage de Frise-Poulet.

L'infortuné patron suivit de l'œil Martel et Sophie, qui sortaient par le grand portail. Il passa ensuite le dos de la main sur ses joues et descendit le perron en se dandinant d'un air indifférent en apparence. Au lieu d'accompagner son ancien officier, il se dirigea vers la grand' route et retourna droit à Morlaix.

—J'ai fait ce que je devais, se dit il, ils sont venus l'autre fois, moi celle-ci; ils étaient tristes pour nous, moi je suis content pour eux.

Une pénible respiration qui sortit de la poitrine du quartier-maître était presque la négation de sa dernière pensée. Son voyage solitaire fut mélancolique. Quand il rentra chez lui, quand il eut embrassé sa femme et ses enfants, il ne prononça

pas une parole, s'assit auprès de la cheminée et resta longtemps accoudé sur l'é-
paisse table de la chambre commune.

—Sont-ils enfin mariés? demanda Fantik qui ne put contenir plus longtemps sa
curiosité.

— Oui, ma fille, et dans la même église
où Frise-Poulet...

Des larmes roulèrent dans les yeux du
marin qui ne termina pas sa phrase.

Un mois après leur mariage, Martel et
sa femme allèrent passer quelques jours à
Morlaix : ils y furent reçus par le vieux patron qui profita d'un beau temps pour leur
faire faire une promenade en mer dans sa
barque qui portait le nom de *Frise-Poulet*;

et le soir, grâce à l'intervention de Sophie, les vœux de Fantik furent comblés. Cagnard ne s'opposa plus à l'union de sa fille avec un galant pêcheur du pays qui la courtisait depuis deux ans, et qui prit dans le bateau la place qu'aurait dû y occuper le brave gabier de *la Cléopâtre*.

Souvent, depuis, le patron a dit franchement à son gendre :

— Tu es un bon matelot, Kemper, c'est vrai ; mais, vois-tu, j'aurais préféré être amarré sur la grande ancre de la frégate et jeté avec par le fond, à te donner ma fille, si défunt le parrain de notre barque, ce pauvre ancien....

Fantik ne laisse pas achever, elle interrompt toujours à dessein le vieux pêcheur, et s'efforce de donner un autre cours à ses pensées.

Heureuse avec son mari, la fille du patron ne peut regretter le camarade inconnu que son père a tant aimé sur terre et sur mer.

Si l'on nous demande enfin ce que sont devenues les fameuses épaulettes d'amiral espagnol, nous déclarerons que Sophie les conserve religieusement. Cependant elle n'espère pas plus que nous les voir jamais devenir fort utiles à son époux, si belles que puissent être les destinées maritimes du jeune enseigne de vaisseau.

Le manuscrit des dix-huit chapitres précédents était achevé depuis plusieurs années; l'histoire des deux matelots et du jeune enseigne avait été lue bien des fois dans des réunions de contemporains de Martel et nul ne réclamait une seconde conclusion. Que pouvait-on exiger? Le principal héros était mort et enterré, son farouche antagoniste avait été le sujet d'une leçon d'anatomie, l'honnête Cagnard était patron d'une belle barque de pêche, et Sophie conservait religieusement les fameuses *épaulettes d'amiral.*

Mais depuis l'an de grâce 182., quand tant d'événements ont changé la face de la

France et agité le monde, comment nos personnages auraient-ils pu rester dans l'heureux *statu quo* où nous les laissions? D'officieux amis nous ont transmis des détails que nous ne pouvons passer sous silence, si bien que nous sommes amenés à écrire un épilogue.

ÉPILOGUE.

La famille Cagnard.

— Allons ! Kemper, Fantik, Jean-Pierre, Frise-Poulet, Guénolé, mes enfants, en route ! les habits de noce et tout le reste sont à bord ; c'est bien ! largue l'amarre ! — Hisse le foc ! — A la drisse

de misaine ! — Au taille-vent ! — A bloc !
hardi, là !

Ces divers commandements étaient faits
à bord d'un joli chasse-marée de Morlaix
par un vieux patron dont les cheveux
blancs flottaient au gré de la brise. Une
veste à grandes basques, un pantalon de
toile grise et de gros sabots formaient son
costume. Un air de contentement parfait
rayonnait sur sa figure ; parfois il levait les
yeux vers le ciel, tout en manœuvrant
avec le genou la barre du gouvernail ;
parfois un expressif frottement de mains
complétait le jeu de sa physionomie.

Nos lecteurs ont dû reconnaître dans ce
personnage l'honnête Cagnard qui venait
d'atteindre sa soixante-cinquième année
au moment où nous le faisons reparaître

sur la scène; avec lui sont Kemper son gendre, son fils Jean-Pierre, Fantik sa fille et ses petits enfants.

Tandis que la barque s'éloignait du quai, une foule de commères et de riverains causaient du vieux patron et de sa famille :

— Oui, oui, je dis, moi, qu'ils sont heureux ceux-là d'avoir à eux un beau chasse-marée qui ne doit rien à personne, s'écria d'un ton d'envie une vieille réputée fort mauvaise.

— Doucement, mère Bringuebale, répliqua un pilote du pays, dans votre jeunesse, à Brest, on vous appelait Langue-d'Argent, aujourd'hui on pourrait bien vous appeler Langue-de-Vipère, sans mentir ! Il faut être juste ; depuis le premier jusqu'aux derniers des petits-enfants, c'est de braves gens et ça ne pouvait mieux tomber.

— Le père Cagnard n'a pas volé sa croix ni ses médailles, ajouta un invalide, et celle qui y trouve à redire, je lui déralingue la carcasse en deux temps.

— Ne vous fâchez pas, l'ancien, reprit la mère Bringuebale, seulement s'ils sont heureux, voyez-vous, ce n'est pas à bourlinguer qu'ils ont gagné leur richesse. On connaît l'histoire de l'héritage de l'ancien Frise-Poulet, le fils à la mère Ridal.

— Et après? ça ne venait pas d'un matelot peut-être ! Le père Broalon n'avait pas sué, n'est-ce pas, pour ramasser ce trésor? demanda le pilote.

— Je démolis la première qui ne parlera pas bien de ce brave monde ! s'écria de nouveau l'invalide en brandissant sa béquille.

— Ah çà, père Gigolard, on ne peut donc plus causer, dit la vieille.

— Non ! poulie rompue, non ! ver de terre ! non ! sais-tu, brigande, que je suis un ancien de *la Cléopâtre*, moi !

— Oui, et d'ailleurs aussi, vieux forban !

— Vieux forban, murmura Gigolard, c'est vrai ! c'est pourtant vrai !... — Puis se parlant à lui-même : — Sans Cagnard, sans M. Martel et le curé, pourtant, je devenais fou.....

— On vous a bien vu, la fois du grand repas, reprit la mégère, quand vous vouliez mettre cette pauvre baronne dans la bouteille....

— Ah ça, Périne, te tairas-tu?

— Cette mère Bringuebale, en a-t-elle une langue, en a-t-elle une?

—C'est toujours de même, elle ne laisse pas le mal à dire aux autres !

— Si jamais elle entre en paradis, elle brouillera les saints!

— A-t-on jamais vu?

— Oh ! la belle pièce ! hurlèrent à l'envi les commères ameutées.

— Dire des choses pareilles à ce pauvre père Gigolard qui a perdu une jambe à Navarin et qui a fait plus de pénitence qu'un saint fini.

Gigolard l'invalide, s'était retiré tout triste ; la conversation continuait entre les femmes et les marins :

— Jean-Pierre, le fils à Cagnard, dit à son tour un pêcheur, c'est un solide, je l'ai connu, moi, au large comme à terre.

— Et Kemper donc, s'écria un autre , le gendre au bonhomme ; qui veut voir un matelot, n'a qu'à le regarder !... Nous étions ensemble sur *la Belle-Paumelle* *(la Melpomène)*, commandée par M. Martel, un crâne de commandant aussi, un vrai ! quoi !

La foule fit chorus.

—M. Martel, continua l'ami de Kemper, M. Martel, un officier premier brin, une perle d'homme, un solide au poste, qui mérite de passer amiral comme il n'y a qu'un bon Dieu ! Quel coup de croc je boirai à sa santé si jamais j'apprends qu'il a enfin croché son avancement !...

Ainsi causaient les riverains sur le quai de Morlaix, pendant que le chasse-marée fuyait à pleines voiles.

A l'aide de la marée descendante, la barque ne tarda pas à dépasser le château du Taureau et à gagner la pleine mer. Quand elle se fut élevée au vent et mise en position de faire route sans manœuvres trop fréquentes, le vieux patron remit la barre à Kemper, s'assit sur un coffre et prit sur ses genoux sa denière petite-fille, jolie blondine qui s'appelait Yvonaïk; Guénolé, le mousse du bord, s'accroupit auprès de son grand-père. Fantik, alors âgée d'environ trente-six ans, roula un paquet de cordes pour s'en faire un siége; l'aîné des garçons, qui portait le nom de Frise-Poulet, se plaça près d'elle; Jean-Pierre, qui était devant, accourut.

— Vous ne savez pas où nous allons, mes fils? dit le vieux caboteur, mais notre barque le sait, car elle court comme la foudre. Le *Frise-Poulet* est content, parce que je le suis aussi. Celui qui me dira qu'un morceau de bois bien gréé, bien voilé et bien suivé n'a pas de cœur au ventre, je lui dirai, moi, qu'il n'en a pas lui-même. J'ai entendu de mes deux oreilles

des navires qui parlaient, qui pleuraient
et qui *avalaient leur gaffe* comme de vrais
chrétiens, et toi aussi, Kemper, n'est-ce
pas ?

— Oui, père. Quand la *Valeureuse* a
coulé, elle s'est mise à crier : — Mon Dieu!
mon Dieu! vive le commandant Martel!
vive son équipage! — Nous l'avons tous
entendu.

— Donc, un navire, ça à ses idées, reprit Cagnard, et voilà pourquoi *le Frise-
Poulet* marche si bien aujourd'hui; nous
allons à Cherbourg, voir M. Martel qui est
amiral!

— Amiral! M. Martel amiral! Jésus,
Seigneur! s'écrièrent presque en même
temps Kemper, Jean-Pierre, Guénolé,

Yvonaïk, le jeune Frise-Poulet et Fantik qui ajouta :

— Nous allons donc voir aussi madame Sophie?

— Oui, ma fille, reprit Cagnard. Elle nous recevra gentiment comme quand j'allai, avec mon pauvre matelot, lui porter ces épaulettes, qu'elle aura mises à son mari maintenant. C'était là une invention! je devinais juste, par exemple! Frise-Poulet se mit à rire si drôlement quand il commença de comprendre la chose; et dire pourtant qu'il n'est pas avec nous à cette heure !

Fantik se leva, prit la main du vieillard et la serra doucement tandis que la petite Yvonaïk jouait avec ses longs cheveux blancs.

—La brise adonne ! dit Kemper.

— Bien ! bien ! répliqua le caboteur, c'est qu'il y a un bon Dieu pour nous, nous filons comme un charme ; mollis l'écoute, Guénolé. Comme ça !.. Enfin, reprit-il en soupirant, j'irai, *moi*, leur souhaiter bonne chance encore une fois avant de mourir. !

Puis il alluma sa pipe et les nuages qui obscurcissaient son front se dissipèrent peu à peu.

Martel était bien contre-amiral ; Sophie elle-même l'avait écrit au patron caboteur, car les rapports de l'officier et de sa femme avec la famille Cagnard ne s'étaient point bornés à la courte visite dont nous avons fait mention au précédent chapitre.

A l'époque de la campagne de Morée, qui suivit de près le mariage de Fantik, Kemper et Jean-Pierre furent levés pour le service et embarqués avec Martel sur un vaisseau qui prit part au combat de Navarin. Ce fut là que, par une action d'éclat, l'enseigne gagna les épaulettes de lieutenant de vaisseau.

En 1830, lors de l'expédition d'Alger, Martel commandait un bâtiment léger; Cagnard laissa à son gendre la direction du bateau de pêche, et alla servir sous les ordres du jeune capitaine dont il était le maître d'équipage. Le jour même du débarquement, à Sidi-Ferruch, on dut à la présence d'esprit du vieux marin le salut de trois grosses chaloupes chargées de troupes, qui, sans lui, se seraient perdues sous le feu de l'ennemi; il se distingua en outre au combat de Staouëli, où il était allé en amateur, et surtout la nuit de la tempête qui jeta en côte plusieurs navires du convoi. Cette brillante conduite lui valut la croix d'honneur.

Martel, de son côté, s'était rendu si utile que le chef de l'expédition lui fit conférer le grade de capitaine de frégate. Plus tard, il se trouvait à l'affaire de Lisbonne, et s'y fit remarquer, en sorte que lors de la suppression des capitaines de frégate, on le nomma capitaine de vaisseau au choix.

Il avait ensuite monté *la Melpomène* et plusieurs autres navires. Son dernier commandement, qu'il venait de perdre dans de terribles circonstances, était celui de *la Valeureuse*, où Kemper avait de nouveau navigué sous ses ordres. La frégate, quoique réduite aux dernières extrémités, avait envoyé des secours à tous les bâtiments de commerce, elle les avait successivement sauvés au moyen de sa chaloupe et de ses canots; enfin elle appareillait la dernière et allait prendre le large, quand tous ses mâts furent brisés; il fallut de nouveau jeter l'ancre à quelques encâblures d'un rivage bordé de récifs.

Le sang-froid de Martel fut admirable; il fit établir à la hâte une mâture de fortune, il parvint à mettre sous voiles et à s'élever au vent. Mais, le gros temps continuant toujours, une effroyable voie d'eau se déclara; on ne put s'en rendre maître; il fallut s'échouer. Martel prit si bien ses mesures qu'on ne perdit pas un seul homme.

Sa lutte héroïque contre la tempête enthousiasma le conseil chargé de le juger. Son habileté, mise en évidence par les débats du procès, et enfin les connaissances de tacticien dont il avait précédemment fait preuve dans les escadres d'évolution, lui donnaient des titres véritables au grade de contre-amiral. La marine entière applaudit à sa nomination, que Cagnard apprit l'un des premiers; car Sophie lui avait écrit de Paris avant que le nouvel officier-général fût parti pour Cherbourg, où le ministre de la marine l'envoyait prendre un commandement.

La lettre de la jeune femme finissait en ces termes :

— « Si jamais, brave Cagnard, vos voya-
» ges vous conduisent au port où nous se-
» rons, vous verrez vos épaulettes sur les

» épaules de celui que vous m'avez si cou-
» rageusement conservé. »

Après cette lecture, le vieux marin com-
prima sa joie, mais décida dans sa sagesse
que dès le lendemain la famille entière
appareillerait pour Cherbourg ; il mit donc
mystérieusement le cap en route sans dire
à ses enfants où on allait, et sûr, comme
un patriarche des temps antiques, de l'obéissance de tous les siens.

La barque qu'il montait n'était plus la
même qu'il avait achetée dix-neuf ans auparavant ; mais, grâce à un fonds de réserve constitué par Martel qui longtemps
avait gardé la haute main sur l'emploi de
l'héritage de Frise-Poulet Premier, et aussi,
nous devons le dire, à force d'ordre et
d'économie (car le brave patron était de-

venu rangé par suite de son nouveau bien-être), Cagnard avait pu acheter un joli chasse-marée tout neuf.

Au lieu de se livrer simplement à la pêche , il faisait maintenant le cabotage.

Un nom trois fois sacré , que Kemper lui-même vénérait, le nom de *Frise-Pou-let*, avait été nécessairement transporté du bateau pêcheur au petit bâtiment.

Le Frise-Poulet, poussé par une bonne brise, arriva promptement à Cherbourg. Dès qu'il fut amarré dans le port, le patron se mit en grande tenue de maître de manœuvre, avec sa croix d'honneur et ses quatre médailles de sauvetage, dont l'une était celle qu'il avait gagnée en arrachant Martel aux étreintes de Requin. Jean-Pierre,

Fantik, son mari et ses enfants s'étaient aussi habillés en *habits de noce*, pour nous servir de leur expression; ils se dirigèrent vers la demeure du nouveau contre-amiral.

Personne n'ignorait à Cherbourg une histoire qui s'était popularisée dans les cinq ports; Martel fut officieusement prévenu de l'arrivée du *Frise-Poulet*; il revêtit son uniforme et le surchargea des énormes épaulettes d'amiral espagnol; puis il attendit avec Sophie la visite de son ancien maître d'équipage.

Quand Cagnard entra, l'officier lui prit la main et se jeta dans ses bras par un mouvement plus rapide que la pensée.

— Que le bon Dieu vous garde! dit solennellement le vieux caboteur touché jusqu'aux larmes d'un honneur semblable; vous me recevez comme un père, amiral; moi, je vous bénis comme un fils.

Ses regards s'arrêtèrent sur les épaulettes, il soupira et baissa les yeux. Sophie serra la main de Fantik, les deux mères se présentèrent leurs enfants. Kemper, chapeau bas, se tenait auprès de la porte:

— Approche, lui dit Martel, crois-tu que j'aie oublié que tu es de la famille?

— Non, amiral; seulement j'ai une chose qui pend au bout de ma langue, faut que je la largue en grand !

— Quoi donc?

— C'est que si vous avez jamais besoin

qu'un homme et ses enfants se jettent au feu pour vous, nous voici !

En disant cette parole, il étendit la main sur Frise-Poulet, son aîné, sur Guénolé et sur Yvonaïk, que Fantik attira contre sa poitrine par un mouvement d'effroi maternel.

Le vieux patron et l'amiral échangèrent un noble sourire.

— Mais, moi, dit Cagnard, en voici un que je vous laisse ; il est temps qu'il navigue avec vous ; nous sommes venus pour saluer vos épaulettes, c'est vrai. Pourtant je me disais, par la même occasion j'emmènerai mon petit Frise-Poulet pour qu'il embarque à votre bord.... Mousse ! salue ton général.

L'héritier du nom sacré parut interdit et balbutia quelques mots.

— J'en aurai soin, dit Martel, et le recommanderai à maître Austerlitz.

— Bon ! dit le marin.

— A présent passons dans la salle à manger.

L'amiral ouvrit la porte, ordonna au vieux patron d'offrir le bras à Sophie et prit celui de Fantik.

— Vous dînerez tous avec nous !

— Avec vous, général ?

— Avec vos vrais amis, Cagnard.

— Par obéissance.

— Par amitié, te dis-je ; ne m'as-tu pas reçu chez toi à Morlaix ; je te reçois chez moi à Cherbourg ; je suis toujours le même, j'espère !

— Je le vois, répondit le patron en rougissant.

L'on se ferait difficilement une idée de l'embarras de ces braves gens durant la première partie du service, et surtout de l'étonnement d'une paire de grands laquais en livrée qui se tenaient derrière les convives. Cependant Cagnard, le premier, se familiarisant avec la position, porta la santé de Martel et de Sophie, causa marine, parla surtout du naufrage de *la Valeureuse* dont il connaissait tous les détails par Kemper, et s'échauffa au point d'être aussi à son aise que dans sa propre maison.

Yvonaïk et Guénolé jouaient avec les enfants de Martel. Après le repas, la conversation se prolongea quelque temps encore ; enfin il fallut se séparer ; alors Cagnard prit la parole.

—Je vous dis adieu, mon général, adieu pour toujours ! Mon temps de manœuvre est fini ; je ne naviguerai plus ni à bord du *Frise-Poulet*, ni ailleurs, si ce n'est là-haut dans la hune du paradis où je retrouverai, j'espère, mon matelot, et ma vieille bonne femme de mère, et Périne mon ancienne.

— Pas de chagrin, Cagnard, je t'en prie.

—Ça n'a rien de triste, monsieur Martel,

ce que je dis là. Faut-il pas que tout finisse, les matelots comme les navires. J'ai bien pleuré Frise-Poulet autrefois, eh bien ! maintenant que le temps est proche d'aller courir le même bord que lui, son nom me chatouille le cœur comme un grisgris. Son nom, je l'ai donné à ma barque ; je l'ai donné à mon petit-fils, sans compter que le curé de Morlaix ne voulait pas le baptiser de même : — « Il n'y a pas de saint Frise-Poulet, disait-il. » — « Et moi, je vous réponds qu'il y en a un, que je lui dis, un ancien qui doit être au moins brigadier dans le canot du bon Dieu. Ah ça ! monsieur le curé, avant le premier saint Pierre, y avait-il un autre saint Pierre ? » — «Enfin, dit-il, donnez-lui un vrai nom de saint, et celui de Frise-Poulet passera par-dessus le marché. » — « Pour lors appelez-le *Jean*, c'était aussi le prénom de mon matelot. »

Depuis ça, ce gamin-ci, sauf votre respect, est inscrit sur les rôles : Jean Frise-Poulet Kemper, et voilà !... Oui, oui, monsieur Martel, Frise-Poulet c'est un nom, quand j'y pense, qui me fait l'effet d'une musique choix sur choix. Il y a des années et des années que je l'ai donné aussi à ma vieille pipe : celle du Brésil, celle de *la Cléopâtre*, dont vous me fîtes cadeau du temps que vous n'étiez qu'aspirant. Et à cette heure, vous voici amiral !

Le patron tira de sa poche un vieux fourneau de terre noire comme jais, le montra à Martel, et puis le portant à ses lèvres, il le baisa :

— Frise-Poulet ! toujours Frise-Poulet ! murmura-t-il.

Enfin, il tendit la main à l'officier-général qui la serra cordialement, salua Sophie et fit signe à sa famille de le suivre.

—

Quelques mois après, Frise-Poulet, deuxième du nom, embarquait à bord d'une frégate où flotte encore aujourd'hui le pavillon du contre-amiral, et le gaillard-d'avant se refusait à le croire quand il se vantait d'avoir dîné avec M. Martel et sa femme.

La suite n'est plus du domaine du roman ; on la rencontrera peut-être dans les colonnes du *Moniteur*, si toutefois l'on reconnaît le jeune officier-général sous le pseudonyme que nous avons dû lui imposer.

FIN DE FRISE-POULET.

La fille du maître canonnier.

Vers la fin du mois d'août 1789, le vaisseau de transport anglais *Guardian* pratit de Plymouth pour Port-Jackson, avec un nombreux chargement de déportés destinés à la colonisation de la Nouvelle-Hollande.

L'on sait que les premiers essais de l'Angleterre dans les terres australes, ne remontaient qu'à l'année précédente, car ce fut le 20 janvier 1788 qu'une petite escadre, commandée par le commodore Philips, aborda dans la baie qu'on appela *Botany-Bay*.

Le *Guardian* apportait de nouveaux renforts à la colonie naissante. Ses deux premiers mois de navigation s'écoulèrent sans incident et il atteignit ainsi la hauteur du cap de Bonne-Espérance, toujours digne du nom redoutable de Cap des Tempêtes que lui avaient donné les premiers navigateurs. Là, le bâtiment assailli par un violent coup de vent, se vit forcé de fuir à sec de voiles pendant quinze jours entiers. Lorsqu'enfin la tourmente en s'apaisant lui permit de rétablir sa voilure, il se trouvait jeté loin de sa route et porté dans les

mers brumeuses qui avoisinent les zones
glaciales.

Une brise de sud favorable se faisait sentir, et le *Guardian*, dont les agrès avaient
été réparés le matin même, commençait à
filer rapidement en bonne direction, quand
le capitaine monta sur le pont. Il examina
l'état du ciel et de la mer, et parut satis-
fait.

— Grâce à Dieu, dit-il, la grosse houle
diminue, l'aspect du ciel est complètement
changé, nous pouvons forcer de toile,
maintenant. Monsieur l'officier, faites lar-
guer tous les ris, vous mettrez ensuite les
perroquets.

Quelques minutes après, les voiles of-
fraient deux fois plus de surface à une
brise glacée mais favorable.

Le capitaine, se tournant alors vers un
jeune passager placé près de lui, frappa

familièrement sur son épaule, en disant :

— Eh bien! lord Falton, que pensez-vous maintenant de notre incomparable métier? les derniers gros temps ne vous ont-ils pas fait changer un peu d'opinion? Allons, avouez-le franchement, il est plus agréable de passer la soirée à terre, d'être au bal dans un de vos brillants salons de Londres, qu'en cape sur un transport à deux mille lieues de l'Europe.

— Le bal! toujours le bal! que vous me connaissez peu M. Butley; croyez-vous donc que je ne puisse vivre que dans une cohue de femmes décolletées, laides pour la plupart, et sautant à contre-mesure au son d'un orchestre aviné; beau plaisir, en vérité, que nos raouts et nos fêtes! Vous souriez, vous trouvez que je n'ai pas le droit de médire de ce monde dont vous parlez sans le connaître, vous, brave loup de mer vieilli à naviguer d'un pôle à l'autre.

— Je souris, parce que vous me rappelez le renard de la fable : — Ils sont trop verts, dites-vous, et vous en êtes fi ! C'est à coup sûr une fort bonne philosophie que la vôtre, et je la partage tout-à-fait ; il ne faut jamais regretter le passé ; mais devriez-vous, pour cela, calomnier des heures charmantes qui vous ont légué en s'enfuyant, tant d'agréables souvenirs ? Vous étiez le modèle des dandies, la coqueluche des dames, j'aurais donné, ma foi, la mer et tous les fleuves par dessus le marché pour me trouver à votre place.

Lord Falton hocha la tête et regarda fixement le capitaine.

— Je parle en homme qui a vu de tout, continua le marin ; je suis moins étranger au monde que vous ne l'êtes à l'Océan, et, cependant, vous croyez avoir jugé notre profession, vous trouvez sublime de commander aux éléments, vous préférez leurs caprices aux jeux d'enfant de la terre ferme. Belles phrases, mon bon ami, dont un second coup de vent achèverait de vous dégoûter, si le premier...

— Il en viendrait dix! interrompit le jeune lord, nous ferions naufrage à l'instant même, que le métier de marin n'en serait pas le moins à mes yeux le plus beau, le plus noble de tous, le seul digne d'un homme de cœur. Pendant le gros temps, je n'avais qu'une pensée, je vous portais envie, capitaine, je vous trouvais admirable. Vous aviez tout calculé, tout prévu ; le vent redoublait, le *Guardian* creusait la lame, l'on aurait cru qu'il devait y disparaître, vous étiez calme, sûr de votre vaisseau comme de vous-même ; les mâts fouettaient, les voiles étaient emportées, les vagues battaient le navire en brèche, vous portiez remède à tout. Il suffisait d'un mot, d'un geste; vos matelots semblaient vous deviner, et, sur votre pont, vous me faisiez l'effet d'un Dieu.

Le capitaine Butley ne put retenir un fou rire à cette tirade dramatique.

—Riez tant qu'il vous plaira; c'est alors, plus que jamais, que j'ai regretté de n'avoir pu suivre ma vocation. Fils d'un de nos meilleurs commodores, j'aurais été midshipman d'abord, lieutenant plus tard, aujourd'hui peut-être je commanderais une corvette. On a mis opposition à mon vœu le plus ardent; mon frère avait péri sur mer, me disait-on, il était nécessaire de conserver en moi le dernier représentant de ma famille; une immense fortune m'était réservée. Ma mère ne voulut ja-

mais consentir à me voir entrer dans la marine. Opposition bien utile, vraiment!
puisque me voici expatrié, déporté comme
un convict, réduit à devenir colon de Bo-
tany-Bey ou de port Jackson.

— A qui la faute, demanda gravement
le capitaine qu'impatientait cette phrase
constamment répétée par lord Falton ; à
qui la faute, s'il vous plaît? certes, les oc-
casions ne manquent jamais à ceux qui les
cherchent, vous vous seriez aussi bien
ruiné sur mer que sur terre. D'ailleurs,
ajouta-t-il d'un ton plus brusque, un bon
officier ne doit être ni débauché, ni joueur.

Le passager haussa les épaules et fit un
mouvement pour se retirer.

— Rustre goudronné, murmura-t-il
entre ses dents, l'on doit s'attendre à quelque coup de boutoir dès que l'on parle à
ces sangliers de mer.

Bien que le capitaine ne pût entendre distinctement, il devina, ou à peu près, le sens de la phrase, et, se retournant brusquement, il aurait donné sans doute une rude leçon de politesse maritime au malavisé *gentleman,* si un bruit confus de vociférations, qui partaient du fond du navire, n'eût imprimé subitement à ses pensées une direction toute différente. Il se pencha pour prêter une oreille plus attentive; mais les travaux des matelots, les pas des promeneurs et les voix confuses des causeurs, se mêlant aux clameurs tumultueuses qui l'étonnaient, il n'en put reconnaître l'origine.

— Silence! cria-t-il de ce ton impérieux qui opère magiquement à bord des vaisseaux où tout le monde a l'habitude d'une obéissance immédiate.

Les conversations s'arrêtèrent, personne

sur le pont ne fit plus un pas, plus un mouvement. Les gabiers, qui étaient encore occupés à changer quelques cordages avariés pendant les derniers mauvais temps, suspendirent leur opération et restèrent immobiles.

Au même instant, une masse de matelots et de soldats de marine montèrent précipitamment par le panneau de l'avant, et l'on entendit la voix bien connue de maître Smith, qui les menaçait vertement et les faisait courir devant lui comme un troupeau épouvanté.

— Tas de méchants vauriens! disait-il, je vous apprendrai à pénétrer dans le poste des femmes et à troubler le bon ordre. En voici deux toujours qui paieront pour les autres, et la vieille sorcière en verra de grises à son tour. Ah! ah! mes mignons, vous vous étendez mollement sur mes canons comme sur des canapés, et vous êtes à fumer dans ma batterie comme dans la taverne de John-Bull! En haut! en haut! messieurs les chevaliers de poulaine, je vous conseille d'y revenir.

Le canonnier en chef, qui cumulait à bord les fonctions de préfet de police avec celle de directeur de l'artillerie, maître Péters Smith, était un petit individu à l'apparence chétive. Il parut sur le pont, traînant par la cravate deux grands matelots taillés en hercule et dont le plus faible serait facilement venu à bout de cinq ou six hommes de son échantillon. Ils marchaient cependant avec la résignation de ces bœufs qu'un enfant ramène à l'étable.

— Bien! très-bien! c'est Gaspard et Tom Mill, dit le sous-officier qui les reconnut et les lâcha en même temps; allons, suivez-moi sur le gaillard d'arrière, on vous soignera !

Le lieutenant de service rencontra au pied du grand mât, les nouveaux venus qu'accompagnait la foule des gens de l'équipage mus par cette curiosité habituelle au peuple, lorsqu'il escorte dans les rues un régiment ou une mascarade. Pour éviter une explication trop publique, l'officier rétrogada jusqu'au mât d'artimon, et les spectateurs, groupés sur l'avant, n'osèrent franchir la limite imaginaire qui sépare l'espace abandonné aux matelots de celui qui est exclusivement réservé à la promenade des officiers.

— Lieutenant, dit maître Smith encore rouge de colère, je viens vous demander la punition sévère de ces deux hommes que j'ai trouvés dans le casernement des déportées avec près d'un tiers de l'équipage. Ils étaient là écoutant cette méchante sorcière de mistress Flay. Je suis bien fâché de n'avoir que deux mains, il m'en aurait fallu trois douzaines tout-à-l'heure. Il fait tellement sombre dans la batterie que je n'ai pris ceux-ci qu'à tâtons; tous les autres, dès qu'ils m'ont entendu, se sont sauvés au pas de course. Je vous prierai de vouloir bien punir la vieille possédée qui pervertit ici tout notre monde. Hier encore ne l'ai-je pas trouvée dans le faux-pont, disant la bonne aventure à ma fille; il n'est pas possible que cela dure davantage.

Le maître canonnier, comme on voit, venait de surprendre en flagrant délit de lèse-consigne une grande partie de l'équipage; les matelots, attirés dans le poste des déportées par les récits de la vieille Ketty-Flay, avaient franchi la barrière de toile à voiles à la faveur de l'obscurité, et

le vigilant protecteur de la morale publique n'avait pu saisir que deux des coupa-
bles.

En conséquence, le lieutenant de service
allait, selon l'usage, connaître de l'affaire,
mais le capitaine qui n'avait pas perdu un
seul mot, de la déposition du maître, s'en
chargea d'autorité.

L'officier subalterne, dont l'intervention n'était plus nécessaire, fit un salut
militaire et reprit son poste sur le banc de
quart.

Il était l'heure de régler le service de
nuit.

Le pâle soleil des régions australes ne
laissait plus apercevoir qu'à grand peine
son disque blanchâtre à travers un épais
rideau de brume.

L'on profita du long crépuscule des cli-
mats antarctiques pour faire distribuer

les hamacs aux convicts des deux sexes et aux matelots.

Il ne resta sur le pont que les gens destinés à veiller jusqu'à minuit; les sentinelles furent aussitôt nommées à tour de rôle par les bas-officiers; et lorsque la cloche du bord sonna huit heures, le cri ordinaire : *All's well!* partit de la poupe.

Successivement répété par les factionnaires de tribord et de babord, il le fut pour la dernière fois par l'homme placé devant, pour observer à l'extérieur les voiles ou les dangers qui pourraient se rencontrer sur la route. Mais les fonctions de ce dernier étaient d'une inutilité complète, l'œil le plus exercé n'aurait pu percer à une longueur de navire le brouillard compact qui enveloppait *le Guardian.* Aussi, après avoir répondu à ses camarades l'*homme du bossoir* se drapa dans sa grossière capote, s'accroupit à l'abri du vent et se livra tout entier à ses rêveries sans plus s'inquiéter de sa faction que s'il eût été tranquillement accoudé sur une des tables de mistress Brown, son hôtesse de Plymouth.

Cependant le capitaine, assis sur la dunette, s'amusait à interroger les deux matelots, dont le délit n'était pas aussi grave à ses yeux qu'à ceux du maître canonnier :

— Comment se fait-il que vous vous soyez permis d'enfreindre la consigne qui défend de pénétrer dans le poste des femmes ? demandait-il d'un ton sévère.

— Dam ! commandant, nous n'avions jamais pensé que cette vieille Ketty Flay pût compter pour une femme; il paraît que le soldat de garde pensait de même, car il ne nous a pas dit de nous en aller;

sans ça, commandant, je vous assure que nous ne serions pas restés, demandez plutôt à Tom Mill.

— C'est vrai, commandant, poursuivit Tom Mill, c'est vrai, comme dit Gaspard, je ne pourrai jamais croire que ça soit une femme, c'est plutôt le diable, et, faut le dire elle nous contait des histoires de damnations à faire peur à saint Georges en personne; nous ne savions pas que c'était défendu de l'écouter.

—Et vous ne saviez pas non plus, s'écria maître Smith, qui ne put se contenir plus longtemps, vous ne saviez pas qu'il ne faut pas prendre un canon pour une bergère. Voyez! commandant, il a encore son pantalon plein de noir pour s'être frotté contre ma troisième pièce de tribord. Voici cinq fois que je la fais peindre depuis notre départ d'Angleterre !

— Votre observation est par trop juste, mon vieux Smith , dit le capitaine en souriant, vous les ferez mettre aux fers jusqu'à demain matin.

Les délinquants, enchantés d'en être quittes à si bon compte , remercièrent en s'en allant; mais le maître se retira non sans murmurer contre la légèreté de la peine. Le sous-officier était douloureusement affecté des accidents toujours renaissants qui ternissaient l'éclat de ses chers canons.

— Smith, ajouta le capitaine, quand vous aurez terminé, vous viendrez me trouver dans ma chambre.

— Oui, commandant, répondit le maître canonnier.

Lord Falton, appuyé contre le mât d'artimon, avait suivi de l'œil toute cette scène, jetant de temps à autre un regard d'impatiende vers l'escalier de l'arrière, comme s'il eût attendu quelqu'un ; enfin, une jeune fille, enveloppée dans une vaste cape brune, monta légèrement et d'un pas assuré malgré le roulis qui balançait le navire.

— Bonsoir, parrain, dit-elle au capitaine en passant.

— Il fait bien froid, Betty, pour venir sur le pont aussi tard.

— L'air de la cabine de mon père est étouffant, et il est encore de bien bonne heure pour se coucher.

— Quand tu redescendras, mon enfant, entre dans ma chambre, Smith y sera.

— Je n'y manquerai pas ; dit Betty en acceptant le bras de lord Falton qui s'était avancé jusqu'auprès du panneau.

— Eh bien ! jeune homme, me tenez-vous encore rancune d'une misérable boutade ? demanda brusquement le capitaine Butley. Un marin anglais ne se couche pas sans avoir fait la paix avec ses amis. Topez-la et remerciez-moi maintenant de laisser notre *perle* sous votre sauvegarde.

Lord Falton répondit en serrant cordialement la main qu'on lui offrait. Le capitaine, après avoir donné quelques ordres à l'officier de quart, regarda pour la dernière fois le ciel et la voilure; puis il abandonna le pont.

— Enfin, Betty, enfin ! dit le passager, que je vous ai attendue impatiemment aujourd'hui; j'étais ici, l'œil constamment fixé sur le panneau, espérant à chaque instant que vous paraîtriez; je vous ai à peine entrevue depuis quinze jours.

— Je ne pouvais monter à mon gré; mon père ne me l'a point permis pendant ce gros temps.

— Ce n'était donc pas votre volonté seule qui vous retenait en bas?

— Ma volonté! mon Dieu non; je serais venue comme tous les jours respirer une air plus pur. Que m'importent les coups de vent à moi; ne suis-je pas un enfant de la mer? Vous le savez, mes pieds ont à peine touché la terre ferme, j'ai été bercée par les flots et longtemps mes jeux ont été de grimper dans les mâts comme les mousses dont je portais le costume. Le cœur d'un marin bat sous mon corset, et je ne puis me faire à la pensée de vivre à jamais dans une maison, comme m'en menacent depuis quelque temps mon père et mon parrain.

— Noble jeune fille! murmura lord Falton, vous auriez donc un sort pareil au mien; je rêvais la mer, on me l'a refusée; je voulais la gloire, on m'a donné la ri-

chesse ; et la richesse s'est dissipée et maintenant on me relègue aux extrémités du
monde dans une contrée encore sauvage.
Oh ! si j'avais un côtre, une chaloupe, un
canot seulement !

— Eh bien ?

— J'aurais bientôt un navire, et je te
l'offrirais, ma Betty, tu en serais la reine.
La chambre du commandant serait ta cabine, tu présiderais aux manœuvres comme une fée, tu serais mon ange sur les
mers, à jamais ! tu l'accepterais, n'est-ce
pas ? Oh ! réponds, je t'en supplie.

Lord Falton avait doucement passé son
bras autour de la taille élancée de la con-
fiante jeune fille et cherchait à lire dans
ses regards ; mais le brouillard était opa-
que, pas une étoile ne brillait au ciel ; la
nuit servait de voile à la rougeur répandue
sur le front de Betty, seulement son cœur

battait avec violence et sa main frémissait dans celle de son amant.

—C'était ce que j'avais rêvé! balbutia-t-elle après un long silence.

Un profond soupir, expression de bonheur s'exhala de la poitrine de lord Falton, et sans prononcer une parole, ils parcourent trois fois la distance qui sépare le mât d'artimon du grand mât.

— Mylord, dit enfin timidement la candide promeneuse, apprenez-moi donc ce que c'est que la terre? Racontez-moi votre vie, comment avez-vous pu exister jusqu'à présent? Moi, je ne sais rien, voyez-vous, je suis une pauvre fille élevée par des marins; personne à bord n'a jamais voulu répondre à mes questions. Les passagères elles-mêmes se font un jeu de ma curiosité; je suis jalouse d'entendre parler de ce monde où vous avez tant vécu, à ce que dit mon père. Apprenez-moi ce que c'est que le bal qu'on m'a vanté si souvent. Cela ressemble-t-il aux rondes de nos matelots? Ne riez pas, je vous en prie ; répondez-moi, lord Falton..... Je vous ai bien répondu, moi, ajouta-t-elle en hésitant.

En ce moment, la cloche sonna neuf heures. Le *all's well* retentit de nouveau à l'arrière et aux flancs du vaisseau; mais le factionnaire du bossoir, dont rien ne stimulait la vigilance, était profondément endormi à son poste et ne répéta pas le cri de veille.

Cette négligence n'échappa pas à l'officier de service :

— Maître de quart ! faites remplacer le paresseux qui dort à l'avant, et qu'on l'amarre en croix dans les haubans de misaine jusqu'à minuit.

L'ordre sévère du lieutenant fut ponctuellement exécuté.

Les gens de quart se promenaient en groupes serrés, frappant du pied et se pressant les uns contre les autres, car la brise devenait de plus en plus froide, comme à l'approche des terres pendant l'hiver.

— Goddam ! s'écria un matelot, par ce temps-ci, quand le camarade descendra de là-haut, il sera aussi raide qu'un sentery au port d'armes.

L'exclamation peu charitable du loustic maritime fut la cause d'un bruyant éclat de rire ; et cependant sur le gaillard d'arrière, le jeune couple, insensible à la rigueur de la température, continuait son ineffable causerie.

— Tu me demandes bien des choses, Betty, et je n'en sais plus qu'une seule, c'est que je t'aime comme je n'ai jamais aimé personne, reprit le jeune lord en la pressant sur son cœur, je t'aime de toute mon âme. Ma vie ! ma vie n'a commencé qu'à bord du *Guardian,* au moment où je t'ai vue pour la première fois ; tout le reste de mes jours est triste à raconter, triste comme cette terre, et ce monde, dont tu voudrais le tableau, triste comme le bal, cette ridicule parodie de l'amour.

Quinze jours de réflexions solitaires dans l'étroite cabine de maître Smith avaient favorablement prédisposé sa fille aux déclarations du dandy. Que de fois elle avait regretté les longues et douces soirées du tropiqne, qui ne devaient plus revenir ; que de fois elle avait songé avec douleur que, le vaisseau arrivé à Botany-Bay, c'en serait fait à jamais, peut-être, et qu'elle ne reverrait plus lord Falton ! Aussi se laissait-elle aller naïvement à l'écouter, elle recueillait précieusement chaque parole et en attendait avidement une nouvelle.

Depuis trois mois que l'on avait mis sous voiles, elle s'était sentie attirée par un charme toujours croissant vers ce passager, enthousiaste de la mer comme elle, comme elle appelant de tous ses vœux une existence aventureuse.

Tandis que les marins, dans leur grossier langage, faisaient sans cesse l'éloge de la terre, lui, si distingué de manières, lui, contraste brillant des seuls hommes qu'elle connût, ne parlait jamais du monde ni de ses plaisirs qu'avec un profond dégoût.

Betty vivait sous l'influence d'une éducation excentrique; elle ignorait ces riens que toutes les autres jeunes filles apprennent dès le berceau. En fallait-il davantage pour que, douée, du reste, d'une imagination ardente, elle répondît chaleureusement à la passion du jeune lord? Elle ne soupçonnait pas qu'on dût cacher avec soin la plus suave des impressions ; son père ne lui avait jamais fait un cours de morale mondaine, et elle possédait au plus haut degré la franchise naturelle à tous ceux qui n'ont pas appris dans la société l'art de déguiser leurs pensées. Cependant par une pudeur instinctive, elle n'osa pas insister sur ses questions, et, comme pour répondre au passager :

— L'amour ! dit-elle, c'est donc le bonheur?

Lord Falton avait la clef de ce caractère, il se savait aimé depuis longtemps.

— Eh bien ! s'écria-t-il, nos vœux se réaliseront, tu vivras avec moi sur l'Océan, je serai marin. Ces débris de fortune que

je devais employer à fonder un établisse-
ment dans la Nouvelle-Hollande, me serviront à acquérir un navire; tu viendras
avec moi, tu partageras ma bonne ou ma
mauvaise étoile; ce que j'ignorerai, tu me
l'apprendras, et tu seras le véritable capitaine de notre demeure flottante.

— Et mon père, mylord? demanda vivement la jeune fille en se dégageant du
bras qui la tenait enlacée, vous me con-
seilleriez de déserter *le Guardian*! — Ah!
je ne vous aimerais plus!... Ecoutez! tout
cela, c'est une belle rêverie, dit-elle en re-
devenant plus calme; je suis une enfant
disciplinée et soumise, la fille d'un brave
et honnête marin, je serais heureuse de
partager votre espoir et votre vie..... Je
vous aime, lord Falton, et ne crains pas
de l'avouer, car je vous crois sincère dans
votre amour, mais j'éviterai de commettre

une faute grave. Obtenez le consentement de mon père, dont je suis résolue à ne jamais braver la volonté; alors je vous suivrai partout ; partout, entendez-vous ! sur terre et sur mer, dans l'exil ou dans votre pays, et même dans ce monde inconnu dont, vous aussi, me parlez en termes si obscurs. Adieu !

La jeune fille salua le passager d'un geste plein de grâce, et disparut comme une ombre par le panneau des officiers; mais lord Falton resta sur le pont où personne ne remarqua sa présence.

Le brouillard s'était tellement épaissi que l'on ne voyait plus les mâts ni les voiles. On ne distinguait que la trace phosphorescente du sillage. Alors la houle diminuait et la brise, toujours favorable, poussait vigoureusement le navire vers le nord.

Dans le but de gagner de l'espace et de loger plus facilement les futurs colons de Botany-Bay, l'on avait mis à fond de cale la plus grande partie des canons du *Guardian*. Toutefois il en restait encore assez de braqués aux sabords pour exercer l'active surveillance de maître Smith, important personnage également chargé de la police intérieure et de l'artillerie, et dont les longues et fréquentes conférences avec le capitaine ne devaient surprendre personne.

On savait, à la vérité, qu'une ancienne liaison avait existé entre le sous-officier et le commandant; on n'ignorait pas que Betty donnait le titre de parrain à ce dernier; mais les rapports extérieurs du service, la distance toujours bien sentie qui séparait le chef du subalterne, ne faisaient point soupçonner qu'il y eût encore entre

eux le moindre vestige d'intimité En effet
par cette grande habitude qu'ont les marins de se composer un masque en rapport
avec leur rôle : sur le pont, en présence
de l'équipage, devant un seul témoin,
M. Butley était commandant, Peters
Smith maître canonnier, rien de moins,
rien de plus. Mais, le soir, lorsque la
chambre du conseil était hermétiquement
fermée, et que le factionnaire avait reçu
la consigne d'en défendre l'entrée à qui
que ce fût, alors les deux amis se retrou-
vaient en quelque sorte sur le pied de l'é-
galité ; le maître prenait place sur le sopha
de son capitaine, ils reparlaient du temps
passé, bâtissaient ensemble des projets
pour l'avenir, et Betty, qui leur était
aussi chère à l'un qu'à l'autre, devenait
ordinairement le sujet de la conversation.
Toutefois, dès que volontairement ou par

mégarde l'officier abordait une question relative au service, Peters Smith se retranchait dans sa position d'inférieur ne répondait que par le mot : *commandant*, et se gardait d'émettre son avis sans qu'il lui fût expressément demandé.

Cette manière d'être des deux marins était le résultat de leur vie passée.

D'abord mousses, puis matelots ensemble, ils avaient atteint le grade de contre-maître, toujours sur les mêmes bâtiments, et ne s'étaient séparés que par force majeure.

Depuis, favorisé par les évènements, Butley s'était signalé en des rencontres si nombreuses et avait donné de si belles preuves de savoir-faire et d'habileté, qu'un avancement extraordinaire lui avait été accordé ; il avait pris place dans les cadres du corps de la marine, et dix ans plus tard, il commandait un transport, genre de bâtiment abandonné d'ordinaire aux officiers de fortune.

Smith, au contraire, en parvenant au poste de maître canonnier, avait atteint son bâton de maréchal.

Quand ils se retrouvèrent, la hiérarchie maritime avait mis entre eux une distance que la bonhomie du capitaine ne pouvait effacer, et jamais ils n'auraient essayé de s'embarquer ensemble, sans Betty, qui fut la véritable cause de leur rapprochement.

Dans le temps qu'ils n'étaient encore que contre-maîtres, Peters Smith s'était marié à Calcutta fort brusquement, comme tous les matelots, qui s'inquiètent rarement de l'avenir pourvu qu'ils satisfassent leur caprice du moment. Quelques mois après, le vaisseau mit à la voile pour retourner en Angleterre ; la femme de Smith le suivit à bord et mourut au large en donnant le jour à Betty.

La petite créature, privée de sa mère, ne survécut que grâce au lait d'une chèvre et aux soins assidus de son père et de son parrain, qui faisaient scrupuleusement faction auprès de son berceau. Echappée comme par miracle aux dangers de sa première enfance, elle grandit sur les planches où elle était née, et longtemps le maître canonnier obtint de la garder avec lui pendant ses navigations: mais quand la jeune fille eut atteint sa quinzième année, tous les capitaines auxquelles maître Smith adressa sa requête se refusèrent également à la prendre à leur bord, et le malheureux père se trouva dans le plus pénible embarras. Il s'était fait une douce habitude de sa jeune compagne, il avait mis toute son étude à l'élever de son mieux et ne comptait pas encore s'en séparer.

— Dans quelques années, se disait-il, je l'aurais mariée, elle aurait trouvé un appui naturel dans son époux, et plus tard leur intérieur serait devenu mon refuge ; mais cette opposition des chefs dérange tous mes projets. Que faire à présent ? Je n'ai ni mère, ni sœur à qui confier mon enfant ; et que deviendra-t-elle si je la laisse au milieu d'indifférents et d'étrangers, elle qui n'entend rien aux mœurs des habitants de la terre ferme ? Je ne puis pas pourtant renoncer à mon métier ; de quoi vivrions-nous ?

Le vieux marin ne se familiarisait point avec la perspective d'abandonner ainsi sa fille ; et du reste, les préjugés du gaillard d'avant, qui avaient fortement prise sur son esprit, grossissaient encore ses craintes.

Un de ses articles de foi était qu'un nom doit constamment être enregistré quelque part, sous peine des plus grands malheurs ; aussi le digne homme s'était bien promis que celui de Betty figurerait toujours sur un rôle d'équipage, jusqu'à ce qu'il fût inscrit sur le cahier d'une paroisse. Il fallait pourtant renoncer à ce doux espoir !

Découragé par d'inutiles démarches, Smith était en proie à une profonde tristesse, lorsqu'il rencontra par un bonheur inespéré son ancien camarade Butley, qui prenait le commandement du *Guardian.*

Le reste se devine ; le maître confia ses inquiétudes paternelles au capitaine, qui l'accepta aussitôt à bord, lui et sa fille, en usant des privilèges étendus dont jouissent et dont jouissaient, alors surtout, les commandants de la marine anglaise.

A l'époque où se passe notre scène, le navire avait déjà fait plusieurs campagnes, et miss Betty venait d'accomplir sa dix-septième année.

— Commandant, dit le maître canonnier en entrant, Tom Mill et Gaspard sont tous les deux aux fers; j'ai fait une ronde dans les batteries, où tout est tranquille; mais en passant j'ai dit à la vieille Flay de ne pas se coucher jusqu'à nouvel ordre, dans le cas où vous voudriez l'interroger.

— Eh! mon pauvre Smith, répondit le capitaine avec vivacité, de quoi vous inquiétez-vous? Laissez donc cette folle en repos, qu'elle se couche et qu'il n'en soit plus question; d'ailleurs la brise est bonne, dans quelque temps nous serons débarrassés de la misérable cargaison de coqui-

nes et de bandits dont nous sommes en-
combrés.

—Comme il vous plaira, commandant;
mais s'il m'était permis de faire une observation, vous ne trouveriez peut-être
pas si légère la faute de mistriss Flay.

—Qu'a-t-elle donc fait? Voyons! dit le
capitaine en s'asseyant et en indiquant
de la main un fauteuil au maître canonnier, qui néanmoins resta debout.

—Cette femme est à bord un prophète
de malheur, elle répète sans cesse à l'équipage que *le Guardian* n'arrivera jamais à
bon port; et comme le hasard a fait qu'elle
a deviné juste dans plusieurs petites choses, les matelots la croient en tous points
et sont presque découragés. — Quant aux
déportés, c'est encore pire; elle voudrait,
je suppose, les pousser à la révolte; je l'ai
rencontrée dans leur casernement, où elle

pérorait à demi-voix. Il me semble que si elle était punie devant tout l'équipage assemblé, ce serait d'un fort bon effet. — On pourrait la faire amarrer trois ou quatre heures au pied du grand mât, et la mettre ensuite en prison jusqu'à notre arrivée.

Le capitaine parut réfléchir et prendre en considération les rapports de maître Smith.

— Mais d'où vient que vous ne m'en aviez jamais parlé de la sorte? Est-ce d'aujourd'hui seulement que vous avez acquis la certitude de ce que vous avancez?

— Hier fort tard et pas auparavant; j'avais l'intention de vous en rendre compte ce soir dans tous les cas.

— Ne m'avez-vous pas dit aussi que

vous l'aviez trouvée disant la bonne aventure à votre fille?

— Oui, commandant, et si j'avais suivi mon premier mouvement de colère, la damnée sorcière aurait passé par le sabord. J'ai sévèrement grondé miss Betty de s'être laissé aborder par cette vieille carcasse démâtée, qui devrait depuis long-temps être coulée par le fond.

— Que disait-elle donc à Betty?

— Ce qu'elle disait ! elle lui prédisait un mariage qui ne serait guère de votre goût ni du mien non plus, avec une espèce de flibustier élégant. Elle entremêlait ses prophéties de malédictions contre vous, contre moi, contre *le Guardian*, que sais-je encore? et si je n'avais apparu tout-à-coup, elle en aurait sans doute conté bien plus long. Je me rappelle entr'autres choses qu'elle disait à ma fille : — « Vous commanderez d'abord une chaloupe et plus tard un vaisseau. »

—Mais cela n'a pas de bon sens, s'écria le capitaine en souriant; vous voyez bien que cette femme est plus folle qu'autre chose.

— Il est possible qu'elle soit folle, répondit le maître toujours sérieux; mais à coup sûr, elle a des conférences avec le diable, elle m'a annoncé à moi le commencement et la fin du dernier coup de vent comme un véritable almanach.

L'officier haussa les épaules en s'apercevant que le maître, atteint de la même épidémie que l'équipage, n'avait pu dissimuler jusqu'à la fin sa terreur superstitieuse.

— Eh bien ! allez me la chercher, dit-il; puis il se mit à parcourir sa galerie à grands pas.

Le capitaine Butley avait depuis longtemps abandonné les croyances du gaillard
d'avant ; ce n'était pas seulement un matelot dégrossi : des études consciencieuses
et dix années de service dans une position
supérieure, l'avaient mis à même de ne
jamais faire disparate parmi ses collègues
de la marine militaire. Les fables de la déportée ne pouvaient avoir prise sur lui.
Quand elle entra, conduite par le maître
canonnier, il la toisa d'un regard sévère :

— Je suis mécontent de vous, femme
Flay, et vous conseille de ne plus vous atti-
rer mes réprimandes.

La prétendue sorcière portait une de ces
méchantes figures dont il est impossible de
déterminer l'âge ; on la traitait de vieille
depuis plus de dix ans, et pourtant elle
avait à peine atteint sa quarantième année ; du reste, sa physionomie n'inspirait

que du dégoût ; on y lisait en toutes lettres qu'elle avait dû successivement croupir dans toutes les maisons de correction d'Angleterre. A la réprimande du capitaine, elle fixa sur lui un regard insolent qui blessa le marin, dont la patience n'était pas la vertu d'habitude.

— Je ne sais pas de quoi l'on m'accuse, je n'ai rien fait, monsieur le commandant, pour mériter cet avertissement. Assurément je n'ai pas envie...

— Taisez-vous ! cria l'officier, je ne vous ai pas fait venir ici pour entendre de mauvaises paroles, mais pour vous signifier que vous ayez à ne jamais sortir de votre casernement qu'aux heures où les femmes montent sur le pont.

La déportée se préparait à riposter, lorsque trois coups timidement frappés à la porte annoncèrent la présence de Betty, qui ne put réprimer un mouvement de surprise en rencontrant à pareille heure mistress Flay chez le capitaine.

— Ah! ah! vous vous étonnez de me voir ici, miss Smith, dit la vieille; c'est que vous n'êtes pas la seule à vouloir la bonne aventure; demandez plutôt au capitaine s'il est content de mes nouvelles. Allez, allez, commandant Butley, votre *Guardian* aura beau se garder, il ne tardera pas à se perdre corps et biens, oui corps et biens! sans qu'il en réchappe un seul de tous ceux qui sont à bord. Vous périrez tous, tous, tous! excepté moi, la damnée, que l'ami Satan viendra tirer d'ici par les cheveux.

— Décidément, la malheureuse est folle. Ramenez-la dans son logement, et désormais qu'on la surveille comme il faut! Mais en âme et conscience je ne puis me résoudre à la punir d'avoir perdu la raison.

— Ah! je suis folle, parce que je sais l'avenir! cria la vieille plus fort, laissez venir demain matin.

Le maître canonnier ne parvint qu'avec peine à faire sortir la déportée, qui continuait à vociférer, et se trouvait horriblement choquée des deux épithètes de vieille et de folle prononcées par le commandant sans intention offensante.

— Tu es restée bien longtemps sur le pont, mon enfant, dit le capitaine à Betty, dès qu'ils se trouvèrent seuls; il fait cependant un vent glacial, ce soir.

— Il est vrai que le froid est un peu vif; mais j'avais besoin de prendre l'air. Tous ces jours-ci, je ne suis pas sortie du faux-pont, et aujourd'hui j'ai passé mon temps dans l'hôpital des blessés.

— Toujours bonne, mon petit ange; aussi ce n'est pas sans raison que l'équipage t'appelle la perle du *Guardian*.

— Puis-je faire moins que d'aider les infirmiers?... Moi, dès que j'ai besoin de quelqu'un, c'est à qui s'offrira pour m'obliger. Tous ces braves matelots m'aiment comme leur mère. — Mon petit parrain, continua la jeune fille avec un accent qui triomphait toujours de la volonté du capitaine, j'aurais une prière à vous faire, un peu indiscrète peut-être; mais vous êtes si bon que vous ne me refuserez pas.

— Mais si ta demande est contraire aux règles du service? répondit l'officier en se tenant sur ses gardes.

—Elle est au moins conforme à celles de la pitié.

— Explique-toi, mon enfant.

— Le lieutenant de quart a fait mettre

tout-à-l'heure un homme dans les haubans pour y rester jusqu'à minuit ; levez cette punition, je vous en prie, le temps est si rude !..

— Sais-tu quel est cet homme ? ce qu'il a fait ?.. Je n'ai pas l'usage de m'opposer à la justice de mes officiers ; c'est contraire à toute bonne discipline.

— C'est le factionnaire du bossoir, qui s'était endormi à son poste ; il est bien excusable avec le brouillard de ce soir. Je vous en supplie, parrain, faites-le descendre, il sera gelé là-haut, et j'aurai demain un malade de plus à soigner.

—Ces jeunes officiers sont souvent cruels par irréflexion, murmura le capitaine en donnant un coup de sonnette.

La porte s'ouvrit à l'instant, un timonier entra :

— A vos ordres, commandant.

— Quel temps fait-il là-haut ?

— Toujours le même, commandant ; mais la brise devient de plus en plus froide.

— Allez dire au lieutenant de quart de lever la punition de l'homme qui est amarré dans les haubans, et qu'on n'y mette plus personne jusqu'à nouvel ordre.

— Merci, merci, parrain, je vous suis bien reconnaissante, car j'étais tout attristée en songeant à ce pauvre matelot.

— Assez, mon enfant, parlons d'autre chose ; je ne t'ai pas dit de passer ici pour faire avec toi de la sensiblerie maritime. Il ne s'agissait guère dans mon esprit de la brume ni des haubans, pas plus que de l'équipage ou que du *Guardian* lui-même.

—Ah ! mon Dieu ! répondit douloureusement, la jeune fille je le vois, vous allez encore parler de me débarquer au retour en Angleterre et de me marier avec votre neveu Jamson. Il n'est pas de pensée qui me soit plus pénible, je vous assure.

Mais le capitaine et le canonnier insistaient chaleureusement :

— C'est un bon garçon, sois-en sûre, disait le dernier.

— Un fermier riche et honorable, ajoutait Butley; si tu l'épousais, Smith et moi, nous pourrions un jour venir nous établir près de vous. La vie de famille est si douce, Betty !

La jeune fille baissa la tête :

— Je resterais donc toujours à terre, dit-elle, toujours?

— La terre lui fait peur, dit le canonnier en souriant; quand tu la connaîtras, tu ne te soucieras plus de la mer, sois tranquille.

Betty semblait pétrifiée; lord Falton, la mer, tous ses rêves lui revenaient à l'esprit.

— Oh! non, c'est impossible!.. dit-elle tout haut, comme se parlant à elle-même. Je serais trop malheureuse!

Le capitaine la regardait en souriant; mais son père, qui crut deviner sa pensée :

— Tu voudrais sans doute commander un navire, comme le prophétisait la vieille Flay!

— Non, mais épouser un capitaine et rester toujours à bord avec lui.

— Voilà donc ce que t'a mis dans la tête cette maudite sorcière; et tu espères cela?

— Peut-être! dit la jeune fille, dont les

souvenirs se reportaient à sa dernière conversation avec le passager.

— Si tu crois à la sorcière, ajouta gaîment le capitaine, nous n'avons plus besoin de parler de l'avenir. — Ne nous a-
t-elle pas annoncé tout-à-l'heure que nous
devions tous périr ici sans qu'il en réchap-
pât un seul.

— Elle était en colère lorsqu'elle an-
nonçait ce naufrage, reprit maître Smith,
mais de sang-froid elle a prédit une catastrophe aux hommes de l'équipage, et ils
y croient fermement.

— Et vous? demanda le capitaine à son
ami.

Celui-ci n'eut pas le temps de répondre.

Les trois interlocuteurs, violemment arrachés de leurs siéges, furent lancés à l'au-

tre extrémité de la galerie : le *Guardian* venait de toucher.

Des cris et des craquements affreux se faisaient entendre; une obscurité profonde régnait dans toutes les parties du navire; les lampes s'étaient éteintes et cassées par suite d'un choc terrible dont la cause était encore inconnue.

Le capitaine se releva promptement et monta sur le pont; la nuit, le brouillard et le bruit rendirent tous ses efforts inutiles; personne ne le reconnut, il fut obligé de rechercher lui-même l'origine du désastre, et se faisant jour avec peine à travers un amas de cordages et de débris qui couvraient les gaillards comme les mailles d'un filet, il arriva jusqu'à l'avant, et aperçut alors une haute falaise de glaces contre laquelle le navire s'était heurté de toute sa vitesse.

Le vent se faisait à peine sentir à bord du *Guardian*, qu'abritait la banquise ; autour de lui la mer était calme, tout espoir n'était pas perdu. Le silence avait succédé aux premiers moments de tumulte ; les commandements de l'officier de quart dominaient les cris des blessés, et déjà un certain ordre était rétabli, quand le capitaine, parvenu à franchir une seconde fois le réseau d'obstacles qui lui barraient le passage, monta sur le banc de quart et dit au lieutenant :

— Me voici !

— Commandant, répliqua aussitôt l'officier en lui remettant le porte-voix, il n'y a pas de ma faute ; la brume...

— Je sais cela, Monsieur, allez m'appeler tous les officiers ; qu'ils viennent se ranger autour de moi pour attendre et pour faire exécuter mes ordres.

Une voix glapissante se fit entendre au pied du grand mât.

— Eh bien! eh bien! capitaine Butley, que penses-tu des prédictions de la vieille folle? Me croiras-tu maintenant? Ketty Flay ne se trompe jamais!

— Maître de quart! cria le capitaine dans son porte-voix, qu'on bâillonne cette femme et qu'on l'envoie en bas!

— Je ne la vois pas, commandant, répondit le sous-officier.

— Et l'on ne l'entendra plus cette nuit, ajouta la vieille d'un peu plus loin; mais on la reverra demain.

— En haut tout le monde à l'appel! dit le porte-voix du commandant.

— En haut tout le monde à l'appel! répéta le maître de manœuvre après un long coup de sifflet.

Le maître canonnier s'approcha du banc de quart :

— Tous les feux sont rallumés dans le vaisseau et tous les hamacs dépendus.

— C'est bien !

— Commandant, les officiers sont tous à vos ordres autour du banc de quart, dit le plus ancien des lieutenants.

— Bien, Monsieur.

— Commandant, que ferai-je de ma troupe ? demanda l'officier de *senteries*.

— Qu'elle soit toute sous les armes et fasse bonne garde, je vous rends responsable du repos et du silence parmi les déportés ; allez, Monsieur, mais pas de tambour, nous avons besoin de nous entendre ici.

— Commandant, lui dit tout bas et à l'oreille un homme que personne n'avait vu monter sur le banc de quart, nous avons trois pieds d'eau dans la cale, mes pompes sont prêtes , j'attends vos ordres.

Le capitaine Butley tressaillit , un frisson de terreur le glaça, et plus bas encore il répondit :

— Demandez de ma part, à l'officier d'infanterie, autant de convicts qu'il vous en faudra. Qu'on fasse pomper ces coquins-là de toutes leurs forces, à coups de garcettes, la baïonnette sur la poitrine, s'il le faut!..

— Oui, commandant, répondit avec les mêmes précautions le mystérieux maître charpentier-calfat qui disparut sans avoir été vu ni entendu d'aucune autre personne que du capitaine!

Il ne s'était pas écoulé un quart d'heure depuis le terrible coup d'éperon du *Guardian*, que son équipage, habilement ré-

parti partout où il était nécessaire, tra-
vaillait avec ardeur au salut du bâtiment.

———

Au lever du soleil, chacun put juger
de la position critique dans laquelle se trouvait le navire. Il ne lui restait plus que des
tronçons de mâts; des lambeaux de cordages hachés pendaient à ses flancs; et son
avant démantelé ressemblait à la brêche
d'une place forte qui vient d'être prise
d'assaut : c'était peu que tout cela, une
avarie beaucoup plus grave compromettait
le salut général.

Au-dessous de la flottaison, une large
voie d'eau laissait entrer la mer; les pompes ne suffisaient plus à en arrêter les progrès, il avait fallu former des chaînes de

seaux qui passaient et repassaient constamment de main en main.

Soldats, matelots, passagers, hommes et
femmes, tous travaillaient sans relâche,
mais leurs efforts étaient infructueux; le
Guardian enfonçait d'heure en heure, les
bras se fatiguaient et la consternation était
peinte sur toutes les figures.

Le maître charpentier allait à fréquents
intervalles rendre compte du niveau au
capitaine qui, plongé dans de sombres réflexions, se demandait s'il ne serait pas
temps bientôt de renoncer à une lutte inutile.

Cependant, des vivres retirés de la cale
avaient été placés sur le pont et l'on était
prêt à mettre à flot la chaloupe, unique
et dernière ressource qui ne pouvait servir
qu'à un petit nombre ; c'était la seule embarcation qu'eussent épargnée les mauvais

temps précédents et la chute de la mâture. Le capitaine la regardait en songeant avec effroi au moment prochain où il faudrait faire choix de ceux à qui serait abandonnée cette faible chance d'échapper au naufrage.

On jeta les canons et les ancres à la mer, on ne négligea aucun moyen d'alléger le navire, mais l'eau gagnait et montait toujours dans l'intérieur; déjà de sourds murmures se faisaient entendre parmi les gens de l'équipage, et surtout parmi les condamnés.

— La chaloupe! la chaloupe! criaient les plus mutins; — à bas les pompes! à la chaloupe!

La révolte, compagne inséparable de toutes les catastrophes, devenait imminente.

La volonté du capitaine triompha encore pendant plusieurs heures; mais lorsqu'il devint évident aux yeux des moins marins que la perte totale était inévitable, la discipline s'écroula devant le danger; les cris: *La chaloupe à la mer!* devinrent plus tumultueux; et les déportés, abandonnant les leviers des pompes, firent invasion sur le pont où tous les naufragés se trouvèrent alors réunis dans des attitudes bien différentes.

Les convicts, hommes et femmes, occupaient l'avant du vaisseau; le plus grand nombre s'étaient emparés de ces armes qu'il est toujours facile de rencontrer ou d'improviser à bord. Ils brandissaient sur leurs têtes des barres de fer, des piques, ou même des boulets et des biscaïens dont ils menaçaient l'équipage; ils jetaient des yeux d'envie sur la chaloupe.

Au milieu d'eux, Ketty Flay faisait entendre sa voix :

— Eh bien ! misérables, s'écriait-elle, si vous aviez osé briser vos fers et vous rendre maîtres du navire dès hier, seriez-vous, à l'heure qu'il est, destinés à devenir la pâture des requins? Maintenant, écoutez-moi; faites ce que j'ordonnerai, et je vous sauverai, j'en réponds.

La mégère, par cet exorde entrecoupé d'imprécations, s'attira l'attention des bandits disposés à suivre ses conseils en tous points.

En face des révoltés était alignée la troupe soumise des soldats de marine prêts à faire feu au premier commandement et protégeant les manœuvres des matelots qui lançaient enfin la chaloupe à la mer.

De l'arrière, le capitaine Butley et ses officiers surveillaient cette opération devenue très-délicate depuis la perte de la mâture.

En ce moment, le maître canonnier s'avança jusqu'au banc de quart :

— Commandant, dit-il, vos ordres sont exécutés ; tous les sabords et tous les panneaux sont fermés et consolidés en dedans le mieux possible.

— Nous verrons encore se coucher le soleil d'aujourd'hui, dit le capitaine en se tournant vers son état-major ; puis s'adressant à l'officier le plus ancien :

— Lieutenant, il est temps de nommer l'équipage et les passagers de notre chaloupe ; c'est vous qui la commanderez.

Un long colloque à voix basse s'établit entre les deux chefs ; ils feuilletèrent ensemble le rôle d'équipage et firent une liste de noms parmi lesquels figuraient ceux de Betty et de son père. Ils discutaient avec un lugubre sang-froid l'arrêt de vie ou de mort de leurs subordonnés.

Quand la liste fut terminée, l'officier compta.

— Quarante-un, dit-il, il y en a un de trop.

— Rayez au hasard.

Le hasard effaça le nom de lord Falton.

Tandis qu'un trait de plume lui enlevait ainsi toute chance de salut, le passager était assis à dix pas à côté de Betty.

— Mourir si jeune, si belle, si pure ! Pauvre enfant, mais c'est affreux, lui disait-il.

— Pourquoi déplorer mon sort, répondait la jeune fille, le même danger ne vous menace-t-il pas ?

— Moi ! que m'importait la vie, puisqu'il aurait fallu te quitter un jour : je périrai sans regret ; mais toi, Betty, mourir !

— Ma fille, dit le maître canonnier à

qui le capitaine venait de parler à l'oreille, tiens-toi prête à descendre dans la chaloupe.

— Et lui, doit-il y venir? demanda-t-elle avec anxiété.

Son père la regarda fixement, puis, frappé de la solennité d'un instant pareil, il ne répondit que par un signe de doute et retourna prendre son poste. Il observait chacun des gestes de son vieux camarade, de grosses larmes roulaient dans ses yeux.

Le capitaine Butley tira un calepin de sa poche, écrivit quelques lignes sur la dernière page, c'était son testament. Il partageait tout son avoir entre son neveu Jamson et son ami Smith, en recommandant au premier d'épouser Betty.

Lorsqu'il eut achevé, il tendit le portefeuille au maître canonnier :

— Vous lirez cela quand vous arriverez à terre, pas avant !

— Oui, commandant, répondit le sous-officier qui ne put se contenir plus longtemps et se mit à pleurer.

— Plus de commandant à cette heure, plus de commandant entre nous ! s'écria impétueusement le capitaine ; et se jetant dans les bras de Peters Smith : — Je ne suis plus que ton vieux Butley, ton *matelot*, ton ami ! Je le déclare à présent, — car, ajouta-t-il plus bas, le vaisseau va couler et la chaloupe est à la mer !

Puis s'arrachant convulsivement à l'étreinte fraternelle de son ancien compagnon :

— Assez ! assez ! continua-t-il avec un triste sourire, mon rôle de chef n'est, hélas ! terminé que pour toi ; il faut le jouer jusqu'à la fin devant les autres.

Puis il remonta sur le banc de quart où l'enchaînait son pénible devoir.

Ses yeux étaient secs, sa voix brève, sa figure calme.

L'admiration et la douleur étaient également peintes sur les traits de l'autre marin, qui resta un moment encore en extase devant son commandant; mais les sentiments paternels reprenant le dessus, il se dirigea du côté de sa fille, la prit par la main et l'entraîna au milieu du pont.

Lord Falton les suivit à pas lents; — sans dire une parole, il pressa sur ses lèvres l'autre main de Betty.

Devant la mort, le respect humain disparaît; nous ne craignons plus de révéler les mystères de nos cœurs. Aussi la jeune fille ne rougit pas, mais levant ses yeux au ciel :

— Mon Dieu ! mon Dieu ! s'écria-t-elle, prenez pitié de lui !

Alors elle se prit à sangloter.

Cependant on venait d'achever d'embarquer dans la chaloupe les vivres nécessaires à son futur équipage.

— L'appel ! cria le porte-voix du commandant.

— L'appel ! reprit le maître de manœuvre, après un long coup de sifflet.

Un silence affreux succéda à ce double signal, on n'entendait plus que la respiration entrecoupée de la multitude.

Le lieutenant monta sur un amas de débris entassés au pied du grand mât, et commença de désigner à haute voix des matelots qui descendirent successivement dans la chaloupe.

Quand le dixième nom retentit :

— Il est temps, hurla la vieille Flay,

il est temps! et la masse des convicts se précipita sur les soldats de marine.

— Feu! commanda le capitaine.

— Feu! répéta l'officier d'infanterie.

Une lutte acharnée s'engagea dès-lors sur le pont; il devint impossible de continuer l'appel.

Maître Smith, le capitaine, tous les officiers se portèrent au lieu de la mêlée; mais lord Falton resta sur le gaillard d'arrière pour garder Betty.

Un cri d'horreur, qui semblait à la fois sortir de toutes les bouches, vint interrompre le combat.

La chaloupe avait pris le large.

L'officier qui devait la monter, profitant du tumulte, s'était élancé dedans et avait commandé aux rameurs de pousser et de s'éloigner du navire; puis, arrivé à demi-portée de voix, il avait fait lever les avirons et semblait attendre de nouveaux ordres.

Le silence se rétablit sur le *Guardian*, les soldats de marine chargèrent précipitamment leurs armes ; les révoltés se réunirent encore à l'avant, d'où ils assistaient avec terreur au spectacle de ce qui se passait autour de l'embarcation.

En s'apercevant de son départ, une foule d'hommes s'étaient jetés à la nage, ils essayaient de remonter à bord, mais l'officier et les canotiers les repoussaient impitoyablement.

Ces malheureux, glacés par le froid, coulaient en vomissant des blasphêmes ; pas un d'entre eux ne put même parvenir à regagner le vaisseau.

De toutes parts le désespoir enfantait d'horribles scènes.

Sur le pont, l'attaque et la défense se réorganisaient.

Les convicts, mus par le sentiment de leur conservation, fanatisés par Ketty Flay et n'ayant plus rien à redouter de la justice humaine, avaient un avantage réel sur les soldats et les matelots encore fidèles, mais découragés par l'imminence du naufrage et dont l'énergie diminuait à chaque instant.

Le capitaine Butley espéra néanmoins qu'il parviendrait à compléter l'équipage de l'embarcation, comme il l'avait résolu; et continuant l'appel lui-même, rangea auprès de l'échelle les matelots destinés à descendre dans la chaloupe. Il cria au lieutenant d'accoster; l'officier obéit aussitôt. Mais en même temps la bande des révoltés recommença le combat avec plus de fureur; une autre décharge d'armes à

feu se fit entendre, et les passavants devinrent le théâtre d'une seconde boucherie.

Les hommes désignés à l'avance sau-
tèrent impétueusement dans la barque. Il
ne resta plus à l'ouverture du navire, auprès de l'escalier extérieur, que maître
Smith, sa fille, lord Falton et le capitaine.

— Embarque Péters, disait celui-ci en
serrant pour la dernière fois la main de
son ami, que Dieu vous conduise à bon
port! Je vais embrasser ton enfant; après
cela il ne me restera qu'à mourir.

Le maître canonnier descendit et s'assit
dans la chaloupe sans oser retourner la
tête. Le capitaine, douloureusement ému,
serrait Betty dans ses bras; lord Falton ne
put retenir un soupir plein d'amertume.

— Adieu! adieu! murmura-t-il, sois
sauvée!

La jeune fille jeta sur lui un triste regard d'adieu et voulut suivre son père.

— Non ! non ! elle n'embarquera pas ! cria mistress Flay suivie d'une horde de convicts qui avaient culbuté les soldats et couraient vers la chaloupe ; elle n'embarquera pas ! c'est à nous maintenant !

Betty, brusquement enlevée par les déportés, fut traînée sur le gaillard d'arrière, et la vieille s'adressant à l'équipage :

— Si le *Guardian* ne conserve pas sa perle, il est perdu à tout jamais ! Dès qu'elle aura mis le pied hors du navire, nous périrons à l'instant même : retenez-la ! retenez-la !

La plupart des gens de l'équipage, vivement impressionnés par l'accent prophétique de la sibylle, malgré l'affection qu'ils portaient à Betty, conservaient une neutralité désespérante.

Les révoltés avaient le dessus ; les femmes gardaient la jeune fille au milieu d'elles ; tandis que les hommes repoussaient avec rage ses défenseurs.

Un long coup de sifflet retentit, et l'on y prêta l'oreille par l'habitude commune à tous les marins dès qu'ils entendent ce signal :

— La chaloupe est au large ! ajouta le maître de manœuvre qui n'avait pas quitté son poste au pied du grand mât. A quoi sert de se battre ? tout est fini !

Les regards se portèrent sur l'embarcation ; la lutte dont Betty était l'objet cessa sur-le-champ, et la jeune fille fut abandonnée aux soins de lord Falton et du capitaine, blessés tous deux pendant la rixe à laquelle ils venaient de prendre une part si active.

Quelques officiers silencieux et méditant sans doute sur leur mort prochaine, étaient assis à l'arrière.

Quant à la foule, toujours guidée par Ketty Flay, elle se précipita vers le lieu où étaient déposés les vivres, défonça les barriques de vin et d'eau-de-vie, et se mit à chanter d'impurs refrains. Une saturnale bachique commença dès lors sur ces planches teintes de sang et minées par l'Océan qui devait bientôt les engloutir...

Betty suivait de l'œil les mouvements de la chaloupe, dont les lourds avirons battaient la mer, et où l'on se disposait à établir la voilure.

Tout-à-coup elle poussa un cri déchirant, et, succombant à une émotion nouvelle, tomba évanouie entre les bras de lord Falton.

— Oh! c'en est trop! s'écria en même temps le capitaine Butley, dont les regards étaient toujours fixés sur ce qui se passait dans l'embarcation.

Le maître canonnier, en abandonnant son vieil ami, s'était jeté dans un coin de la chaloupe, absorbé par sa douleur et inattentif à tout ce qui se passait, il s'était cru suivi par Betty ; mais lorsque, levant la tête, il la reconnut à côté du capitaine sur le couronnement du vaisseau, il s'adressa au lieutenant :

— Retournons à bord, Monsieur, oh ! je vous en supplie, allons chercher ma fille ! ma fille devait être sauvée !

L'officier, qui tenait sa longue-vue braquée sur le *Guardian*, voyant les révoltés devenus les maîtres et sachant bien que son retour ne produirait tout au plus que de nouvelles scènes de violence, ne répondit pas au malheureux père, il se contenta de donner quelques ordres pour faire préparer les voiles. Smith, attéré, frappé à la fois dans toutes ses affections, et réduit au désespoir, ne trouva pas de nouvelles paroles et se précipita hors de la chaloupe.

Betty avait tout vu, tout compris.

Cependant, si les forces ne lui eussent manqué, elle aurait vu aussi son père sauvé malgré lui et amarré sur un des bancs de l'embarcation par les ordres du lieutenant.

.   .   .   .

Déjà le soleil était près de l'horizon; le transport, coulé jusqu'à la hauteur de sa batterie basse, était toujours accosté à la fatale banquise; çà et là flottaient autour de lui les débris des canots et de la mâture; la mer, unie comme un miroir, réfléchissait dans leurs plus petits détails les falaises glacées et le corps mutilé du vaisseau ; l'air était immobile, et des chants obscènes troublaient seuls le silence de ces funestes parages.

Lorsque la chaloupe fut à quelque distance, elle retrouva une brise favorable et perdit bientôt de vue la coque du navire, ainsi que la vaste surface blanchâtre et hérissée d'aspérités contre laquelle il était adossé.

Les rameurs rentrèrent leurs avirons et l'on gouverna droit au nord pour fuir au plus vite le théâtre du désastre.

Tandis que les folles joies de l'orgie tourbillonnaient à bord du navire naufragé, une sombre tristesse remplissait le cœur de ceux à qui restait encore quelque espoir de salut.

Pas un matelot n'élevait la voix ; le

lieutenant et les midshipman de l'embarcation conservaient une attitude grave,
et la distribution des vivres se fit avec la
même régularité qu'à bord d'un bâtiment parfaitement organisé.

Le lendemain matin, l'officier, après
avoir fait promettre au maître canonnier
qu'il n'essaierait plus de se jeter à la mer,
permit qu'on le détachât du banc sur lequel il était resté couché pendant toute la
nuit.

Smith n'était plus que l'ombre de lui-
même, toute son énergie avait disparu ;
ce petit homme actif et emporté, rouage
vivant de la discipline à bord du *Guardian*,
était accablé par le souvenir de sa fille et
de son ami ; sa douleur muette fut res-
pectée, on ne l'obligea point à prendre
part à la manœuvre.

La chaloupe navigua dès-lors à l'aventure, sans qu'il fût possible de préciser le lieu où elle arriverait, car déjà sur le vaisseau la tempête et les brouillards avaient depuis longtemps mis obstacle à toute observation astronomique, et dans la précipitation du départ l'on n'avait pu se munir des instruments nautiques les plus nécessaires.

Toutefois le lieutenant se croyait sur la route du cap de Bonne-Espérance ; la mer était belle, la brise, toujours égale, ne variait pas dans sa direction ; la température devenait de plus en plus tolérable.

Les inquiétudes des naufragés se dissipèrent tout-à-fait le neuvième jour quand ils aperçurent à l'horizon un grand bâtiment qui courait de manière à passer dans leurs eaux. Aussitôt ils hissèrent le yacht anglais à mi-mât en signe de détresse, et, armant tous les avirons, ils se mirent en devoir de l'atteindre à force de voiles et de rames.

Le navire parut aussi les avoir remarqués, car il cargua tout-à-coup ses basses voiles et appuya d'un coup de canon un vaste pavillon blanc qui se développa majestueusement à sa corne d'artimon.

Le lieutenant qui observait à la lunette d'approche, s'écria :

— C'est une frégate française !

Quelques instants plus tard les naufragés étaient hospitalièrement accueillis a bord de la frégate la *Dryade*, commandée par M. de Kersaint, capitaine de vaisseau.

Lorsqu'on eût appris à bord les détails de ce qui était arrivé au vaisseau anglais, sa perte totale fut regardée comme incontestable, et quoique le maître canonnier fût l'objet des plus vives sympathies, personne ne tenta de lui faire concevoir la moindre espérance. Les officiers français s'informèrent minutieusement de tous les incidents du naufrage, de la révolte et du départ de la chaloupe. L'image de Betty éveilla d'abord en eux un sentiment de pitié enthousiaste, mais cette impression ne fut pas de longue durée, et les infortunes du *Guardian* n'excitaient déjà plus qu'un médiocre intérêt lorsque la frégate entra dans la baie du cap de Bonne-Espérance.

Par une singularité digne de remarque, une corvette anglaise, la *Pearl*, qui, elle aussi avait fait en pleine mer le sauvetage d'une embarcation abandonnée à la merci des flots, laissa tomber son ancre en rade presque au même moment. Plusieurs mois auparavant, elle avait rencontré, dans l'Océanie, à une grande distance de toute terre. le canot du transport le *Bounty*, dont la révolte, chantée par lord Byron, est devenue célèbre, et elle avait ainsi miraculeusement arraché à la mort le capitaine et le petit nombre d'hommes qui lui étaient restés fidèles.

Tous les esprits furent frappés de cette coïncidence ; — quoique la rencontre de la *Pearl* soit étrangère à notre sujet, nous avons cru devoir la rappeler ici comme un fait historique extrêmement curieux, et non moins vrai que l'histoire du *Guardian*.

Le naufrage du transport, l'enlèvement du *Bounty*, devinrent le sujet de toutes les conversations, et le gouverneur hollandais ne voulut point laisser partir les bâtiments sauveteurs sans avoir réuni à sa table tous les officiers qui avaient figuré dans ces terribles scènes.

La double relâche fut courte.

La *Pearl* appareilla pour l'Angleterre, emportant à son bord les restes de l'équipage du *Guardian*.

La *Dryade* partit pour l'île de France, d'où sous peu de temps elle devait remettre à la voile et retourner aussi en Europe.

———

La dernière mission de la *Dryade* était de déterminer exactement, par des observations astronomiques, la position de l'île de l'Ascension, — ce point isolé au milieu de l'Atlantique, et qui, posé à égale distance des deux continents, sera toujours le refuge des forbans et des nègriers.

On avait jeté l'ancre dans la plus vaste des baies sablonneuses qui festonnent les rivages de l'ilot ; déjà les travaux hydro-graphiques étaient commencés, quand deux jeunes officiers descendirent à terre, le fusil sur l'épaule, dans le but d'aller faire une simple promenade en tuant quel-ques oiseaux de mer.

La chaleur était accablante ; depuis plus d'une heure ils erraient au hasard, tantôt longeant la plage, tantôt s'enfonçant dans les broussailles, et ne semblaient pas trou-ver un vif intérêt à leur excursion. Enfin l'un d'eux proposa à son compagnon de s'arrêter avec lui à l'ombre des halliers au milieu desquels ils se trouvaient.

— Comment ! Despointes, déjà fatigué, répondit l'autre ; toi qui ne devrais rien craindre du soleil et qui es habitué au climat de la Martinique, tu veux que nous

nous étendions ici, quand de cette hauteur il est impossible que nous ne découvrions pas une nuée de damiers et d'alcyons.

— A la Martinique, répliqua le créole, on ne s'expose pas de gaîté de cœur à l'ardeur du soleil, et l'on possède au plus haut degré l'art de vivre au frais sans se fatiguer. Quand je t'ai accompagné à terre par complaisance, je n'avais pas l'intention de passer ma journée à arpenter les rochers et les grèves comme un nègre marron. Je consens à te suivre là-haut, mais je me refuse à faire un pas de plus.

— Eh bien! soit; il y a précisément un buisson plus touffu que les autres, et, tout compté, je ne serais pas fâché non plus de me reposer un moment.

A ces mots, les deux promeneurs grimpèrent sur un tertre voisin, d'où l'on dominait plusieurs petites baies des environs.

— Voilà qui est singulier! s'écria Despointes; il me semble voir les mâts d'une chaloupe au-dessus de cette baie.

Ils firent encore quelques pas et reconnurent parfaitement une grande embarcation à l'ancre dans une crique.

Le gréement bien peigné, les voiles roulées avec soin, elle se balançait sous l'influence d'une longue houle qui faisait onduler la mer.

— Parbleu! il faut aller voir ce que c'est, repartit l'autre officier dont l'ardeur se trouva ranimée par la curiosité.

— Comme il te plaira, dit Despointes en se couchant à l'ombre d'un arbuste touffu.

De Creuse sauta lestement de rocher en rocher jusqu'au bord de la mer, et mar-

cha dans la direction où il avait vu la chaloupe.

Tout-à-coup il s'arrêta, comme s'il eût
rencontré quelque obstacle imprévu, et,
rétrogradant avec précaution, il retourna
au lieu où il avait laissé son ami.

— Bas la paresse! dit-il; il faut que tu
me suives. Je viens d'apercevoir deux hommes couchés dans les broussailles; ce doit
être des gens du petit navire que nous
venons de découvrir, et probablement des
pirates. Allons les prendre au gîte.

— Un moment, fit Despointes en se
levant: visitons d'abord nos amorces, et
chargeons nos armes à balles, c'est prudent.

Pour toute réponse, de Creuse imita son
camarade, puis ils se mirent à marcher
avec autant de précaution qu'ils le purent,
jusqu'auprès des individus dont la pré-

sence dans l'île leur paraissait au moins suspecte.

Les officiers examinaient attentivement les deux étrangers qui portaient d'élégants costumes de matelots, d'une coupe hollandaise. L'un était un homme de vingt-cinq à trente ans, d'une physionomie belle et ouverte; l'autre paraissait beaucoup plus jeune, et ne pouvait être que le mousse de la chaloupe.

— Ah ça! debout! debout! cria de Creuse en les éveillant en sursaut.

Le premier mouvement du plus grand fut de saisir l'autre par la main et de prendre la fuite.

— Halte! ou je fais feu sur vous, reprit l'officier en les mettant en joue.

— De quel droit, messieurs les Français, en agissez-vous ainsi? demanda le fuyard avec un accent qui révélait assez qu'il était Anglais.

— Du droit des plus forts, nous vous arrêtons jusqu'à plus ample informé, maintenant, marchez devant nous.

Une violente colère se lisait dans les yeux du matelot; mais l'attitude des officiers était sans réplique, et les Anglais n'ayant pas d'armes, ne pouvaient essayer de résister. Ils arrivèrent donc tous les quatre jusqu'au canot de la frégate qui attendait au rivage. Bon gré, mal gré, il fallut que les prisonniers vinssent à bord, où ils comparurent aussitôt devant le commandant. Les promeneurs rendirent compte de tout ce qu'ils avaient vu et désignèrent la crique où la chaloupe était mouillée.

— Qui êtes-vous? d'où venez-vous? et

que faites-vous ici? demanda le commandant au matelot anglais.

— Je suis le propriétaire du petit sloop
de plaisance que vos officiers ont vu ce
matin; cet enfant est le mousse de mon
bateau. Il y a deux mois, nous sortîmes de
la rade du cap de Bonne-Espérance par un
beau temps; mais un coup de vent de sud-
est s'étant déclaré tandis que nous étions
dehors, nous avons été jetés au large et
sommes arrivés par hasard jusqu'ici, où
nous attendons quelque occasion de regagner notre port, car nous n'avons rien de
ce qu'il faut pour entreprendre une aussi
longue navigation sans secours étrangers.

— Alors, pourquoi avoir essayé de fuir
lorsqu'on vous a réveillés?

— Un moment de surprise. La crainte
des pirates! balbutia le matelot qui échan-

gea rapidement quelques mots en anglais avec son compagnon.

Celui-ci répondit brièvement et d'une voix flûtée qui attira sur lui tous les regards.

— Rien de cela n'est vrai, ni même possible, s'écria brusquement le capitaine après avoir examiné le mousse avec attention. Et votre compagnon est une femme ! avouez-le, ou l'on va s'en assurer.

— Oui, monsieur, dit le matelot, je n'essaierai pas plus longtemps de vous faire des contes invraisemblables ; mais des intérêts graves sont attachés au secret de la présence de cette jeune personne. Qqu'il vous suffise de savoir qu'elle y est de son plein gré, car je garderai un silence absolu sur tout le reste.

La prisonnière, interrogée à son tour,

ne donna pas d'autres éclaircissements et se renferma dans les réponses qu'avait déjà faites son compagnon.

— Cependant, monsieur la capitaine, demanda le matelot, comment allez-vous nous traiter? Nous ne sommes point des pirates, et vous n'abuserez pas, je l'espère, de votre force pour nous retenir ici malgré nous?

— Je ne sais qui vous êtes, ni qui vous pouvez être ; votre silence rend au contraire très-suspect tout ce qui vous concerne. En attendant, je vais envoyer amariner votre chaloupe et la faire mouiller sous le canon de ma frégate.

— Nous laisserez-vous au moins regagner notre demeure flottante?

Le capitaine réfléchit un instant.

— Si vous êtes réellement seuls dans

cette embarcation, je n'y mettrai pas d'obstacle, mais je vous garderai quelques jours en observation, et alors, selon vos explications, ou je vous aiderai de tout mon pouvoir ainsi que doit le faire un marin, ou je m'assurerai de vous comme d'effrontés vagabonds.

—Dans moins de trois jours, monsieur, je vous aurai donné à vous en particulier, à vous seul, la clé d'une énigme qu'il ne m'appartient pas encore de révéler.

Le prisonnier prononça ces dernières paroles avec une aisance admirable, et fit à tout le monde l'effet d'avoir été élevé dans une classe distinguée de la société. Quant à la jeune femme, depuis que son sexe était avéré, elle n'osait lever les yeux; une rougeur extrême s'était répandue sur son visage, sa confusion même prévenait en sa faveur.

Sur ces entrefaites, le grand canot de la frégate était allé chercher la chaloupe anglaise où, à la vérité, l'on ne trouva personne ; mais elle était approvisionnée et aménagée avec tant de prévoyance qu'il devenait évident que son expédition résultait d'un plan minutieusement combiné. Le capitaine renvoya cependant les prisonniers à leur bord, et se contenta de recommander à ceux des officiers qui devaient être de service pendant la nuit, de faire bien surveiller l'embarcation.

Vers minuit, le ciel se couvrit d'épais nuages, une pluie abondante et des grains se succédèrent sans interruption jusqu'au lendemain ; il devint impossible de voir ce qui se passait sur la rade.

Quand le soleil reparut, la chaloupe avait quitté son mouillage dont un petit coffret seulement occupait la place. Le capitaine l'envoya chercher, l'ouvrit et y trouva le billet suivant :

» Monsieur le commandant,

» Le temps me favorise, je fais le sacrifice de mon grappin et de mon cablot, de crainte que de votre bord l'on ne m'entende appareiller ; les courants et les vents me porteront au large, et là j'établirai mes voiles tout à mon aise. J'ai mille remercîments à vous faire, car vous vous êtes conduit en galant homme en ne nous retenant pas sur votre frégate. Cependant je ne m'y fierais pas de nouveau ; aussi je pars en toute hâte, heureux d'être dispensé de vous faire une confession dont ma compagne n'était pas plus désireuse que moi.

» Si les hasards de la navigation nous

rapprochent jamais l'un de l'autre, soyez sûr que je me ferai un plaisir réel de cultiver votre connaissance. En attendant, veuillez agréer les salutations de votre prisonnier de quelques heures.

» Lord F***. »

— Parbleu ! dit le capitaine, après avoir lu, voilà une amère dérision, et, si je les rattrape, ils me le paieront cher.

Mais les jeunes officiers ne purent s'empêcher de rire et de trouver fort bonne la plaisanterie du soi-disant lord.

Leur curiosité toutefois fut vivement piquée; et très-longtemps après, cet épisode occupait une place importante dans la relation de leur campagne de l'Inde à bord de la *Dryade*. Quoiqu'il ne semblât avoir aucun rapport avec le naufrage du *Guardian* et la rencontre de sa chaloupe, il en était l'annexe obligée, surtout lorsqu'entre marins on venait à entamer le sujet des grandes aventures, ou à discuter sur les tours de force des embarcations, les voyages qu'on peut faire avec elles, et le plus ou le moins d'audace qu'il y a à s'exposer en pleine mer à bord d'un bâtiment non ponté.

—————

Environ dix ans après les divers événements que nous avons successivement racontés, dans une habitation peu distante de Fort-Royal à la Martinique, une discussion assez vive était engagée entre un riche colon et son fils, dans lequel on reconnaîtra l'officier créole de la *Dryade*.

— Ce sera toujours avec peine, disait ce dernier, que je vous verrai recevoir à votre table nos ennemis naturels ; il m'est déjà bien assez pénible de voir le pavillon britannique flotter sur notre île, sans qu'il me faille encore me trouver face à face avec des Anglais dans notre propre maison.

— Vos observations sont inutiles, et vos préventions ridicules, monsieur mon fils. Les Anglais nous protégent efficacement. Eh ! mon Dieu ! que deviendrait sans eux notre malheureuse colonie ! Je frémis en pensant au sort des infortunés habitants de Saint-Domingue. Du reste, je suis créole avant tout, et avant tout aussi maître chez moi. Vous personnellement, qu'avez-vous à reprocher aux Anglais ? ne vous ont-ils pas accordé un sauf-conduit pour venir passer ici votre congé ? Vous êtes libre sous tous les rapports, traité avec égards et comblé de politesses par le gouverneur.

Sachez, Monsieur, qu'un créole est toujours généreux et hospitalier, et qu'il n'accepte jamais une invitation s'il n'a pas
l'intention de la rendre.

— Je n'en ai jamais accepté aucune,
répondit l'officier.

— Vous, oui, mais moi, votre mère, vos
sœurs, ne sommes-nous pas fréquemment
reçus au gouvernement? D'ailleurs brisons-
là ! A table mes hôtes sont mes hôtes, et
rien de plus. Je vous engage donc à recevoir convenablement le capitaine et les officiers de la *Samarang*; je les connais depuis longtemps, et j'ai toujours eu à me
louer de mes relations avec eux.

Bientôt à l'extrémité d'une rangée de
cocotiers qui bordaient l'habitation Despointes, l'on vit apparaître les uniformes
de cinq officiers anglais, dont l'un donnait le bras à une dame encore jeune. Un

individu, vêtu en bourgeois, mais dont le teint et la tournure laissaient assez deviner un vieux marin, marchait à côté du commandant; il paraissait être du même âge que lui et tenait par la main un petit garçon de huit à neuf ans, portant le costume de midship-boy dont il semblait tout fier. Un petit poignard pendait à la ceinture de cet enfant, et sa veste, élégamment taillée, était relevée par l'éclat de boutons uniformes et de galons d'or qui entouraient le collet et les parements. Sa petite figure mutine avait trop de rapports de ressemblance avec celle de la jeune dame pour qu'on ne devinât pas au premier coup-d'œil qu'elle était sa mère.

L'habitant rencontra les conviés au milieu de l'avenue, il tendit la main au commodore. Après les premières civilités, et lorsque le créole eut répondu aux questions d'usage sur la santé de sa famille :

— Eh bien ! mon cher Despointes, dit le capitaine anglais, vous le voyez, j'ai accepté votre invitation au pied de la lettre, et j'arrive militairement avec tous ceux de mes officiers que j'ai pu vous amener. Depuis mon dernier voyage, mon état-major s'est un peu modifié, je vous conterai tout cela quand nous serons chez vous ; mais d'abord je veux vous présenter un vieil ami, un compagnon d'armes dont je vous ai souvent parlé. Voici sa fille, qui est mariée à mon premier lieutenant, et ce luron que vous voyez là si content d'être à terre, c'est leur enfant, un amiral en herbe.

Madame Despointes et ses filles firent avec grâce les honneurs de chez elles à la jeune lady et aux officiers anglais.

Un instant après l'on prit place autour d'une table décorée avec un grand luxe et couverte de mets somptueux. Le colon avait eu soin de faire placer derrière chacun des convives un esclave spécialement destiné à son service.

Les officiers, enchantés de l'hospitalité créole, quoique ordinairement disposés à se vanter de leurs prouesses nationales, n'osèrent cependant faire allusion aux guerres récentes, et la conversation s'animant par degrés, l'on parla de la navigation en général et des catastrophes de la vie maritime.

— Vous savez, messieurs, que, comme vous, je suis marin, dit Albert prenant la parole à son tour; eh bien ! je ne crois pas que jamais bâtiment ait fait, dans le courant de quelques mois, plus de rencontres bizarres qu'une frégate sur laquelle je naviguais il y a une dizaine d'années.

Après avoir longuement détaillé tout ce que nous avons rapporté du naufrage du *Guardian* :

— Par la plus singulière coïncidence, ajouta-t-il, la corvette la *Pearl*, qui avait recueilli un canot de naufragés, entra dans la baie du cap de Bonne-Espérance, précisément le même jour que nous.

Quelques officiers se récrièrent sur ce fait étonnant; mais quatre des convives échangèrent entre eux des regards d'intelligence.

— Vous me pardonnerez de vous interrompre, dit le commandant anglais, mais je voudrais vous adresser une question.

Albert s'inclina poliment et attendit.

— Avez-vous jamais su ce que devint le *Guardian* ?

— Mais il coula, sans aucun doute.

— C'est ce qui vous trompe, monsieur, et vous avez devant vous quatre acteurs de cette scène : je suis le capitaine Butley.

Albert se leva brusquement comme épouvanté de cette déclaration, et puis jetant un regard sur chacun des convives :

— Ah ! s'écria-t-il, j'aurais dû reconnaître M. Smith.

Et il alla serrer la main de l'ancien maître canonnier.

— Et madame est cette Betty à qui nous nous sommes si fort intéressés à bord de la *Dryade*. Je suis heureux, Milady, de pouvoir vous exprimer de vive voix la sympathie que nous éprouvâmes pour vous ; vos malheurs nous attristèrent alors comme si nous vous eussions personnellement connue.

— Et monsieur, ajouta le capitaine

Butley, monsieur est lord Falton, un passager du *Guardian* alors, aujourd'hui mon lieutenant sur le *Samarang*.

— Monsieur Albert, dit lord Falton, je me rappelle aussi vous avoir rencontré dans une autre circonstance, et je crois que, sans l'interruption du commodore, vous alliez...

— Ah ! j'y suis ! vous êtes mon prisonnier de l'Ascension, et vous, madame, ce joli mousse si intrépide, si vaillant, et si timide aussi quand sa ruse fut découverte.

— Vous l'avez dit, monsieur, répondit Betty, que le souvenir seul de sa présence à bord de la *Dryade* fit rougir comme autrefois.

La glace fut entièrement brisée; tous ces Anglais qu'Albert redoutait tant de voir chez son père, étaient d'anciennes connaissances, les héros d'un roman ina-

chevé et raconté bien des fois, dont le dé-
noûment arrivait par un rapprochement
non moins bizarre que les précédents.

. . . .

Lorsque la chaloupe du *Guardian* avait
été à perte de vue, Betty et lord Falton
restèrent ensemble sur la dunette, mélan-
geant de soupirs d'amour les regrets qu'ils
donnaient à la vie. La jeune fille, qui savait son père sauvé, mais loin d'elle, ne se
trouvant plus placée entre son devoir filial
et son attachement pour le passager, se livra sans contrainte à sa franchise naïve, et
ne cacha plus à son amant qu'elle serait
prête à le suivre partout si par hasard ils
échappaient à la mort.

Cette promesse, scellée d'un tendre bai-
ser, leur procura encore quelques instants
de bonheur.

Si le condamné qui monte sur l'échafaud ose penser que sa grâce peut arriver à temps encore ; si l'ancienne allégorie de la boîte de Pandore n'est pas une vaine fiction ; si les illusions ne délaissent jamais le malheureux ; que doit-il être de deux amants qui se sont à peine dit combien ils s'aiment ? Pour ceux-là, lorsqu'ils se bercent de rêves d'or, il y a plus que de l'espérance, il y a de la foi, et quel que soit le danger qui les menace, ils croient à leur salut, à leur avenir, ou, s'ils doutent de la terre, leurs âmes se donnent du moins un dernier rendez-vous dans le ciel.

Le capitaine Butley fit un signe d'adieu, et sans prononcer une seule parole, car la présence de Betty lui brisait le cœur, il se traîna jusque dans sa chambre et s'étendit sur son canapé.

La fatigue, plus forte que la douleur,

vint lui fermer les paupières; il s'assoupit, avec la conscience d'une mort prochaine et inévitable.

Peu à peu les bruits de l'orgie s'apaisèrent; les déportés, leurs ignobles compagnes et les gens de l'équipage qui s'étaient livrés à tous les excès, tombèrent çà et là pêle-mêle et s'endormirent aussi.

Lord Falton et Betty furent les seuls qui résistèrent au pouvoir du sommeil, rien ne put interrompre leurs douces rêveries; ils étaient transportés dans ces régions de l'infini où réside le véritable bonheur, et d'où les souffrances du corps sont impuissantes à faire redescendre les cœurs enivrés d'amour.

Le *Guardian*, abandonné à lui-même par sa population de mourants, se sauva seul par une cause semblable à celle qui l'avait mis en si grand danger. Un bloc de glace vint fermer l'ouverture faite à ses flancs, et la mer ne fit plus aucun progrès dans son intérieur.

Si le fait n'était parfaitement exact et authentiquement prouvé, il faudrait se garder de le raconter, surtout à des marins; mais il est vrai, quoique invraisemblable.

Le lendemain, quand le capitaine ouvrit les yeux, il retrouva non sans étonnement son navire encore à flot, et qui n'avait pas sensiblement coulé depuis la veille. Il ne parvint pas d'abord à se rendre compte de ce phénomène; mais ne désespérant plus du vaisseau, il réveilla tout son monde. Chacun seconda sa volonté avec une ardeur facile à comprendre.

En quelques heures les pompes vidèrent toute l'eau que contenait la cale, et l'on découvrit à nu l'aspérité glacée qui

avait préservé le navire d'une perte totale. Les charpentiers se mirent aussitôt à
l'ouvrage, aveuglèrent la voie d'eau et ré-
tablirent toutes les parties endommagées.
En même temps on construisit un radeau
pour aller chercher tous les débris de la
mâture jusqu'alors négligés ; enfin de ces
restes mutilés, et de quelques mâts de
rechange, on forma un appareil propre
au moins à conduire le bâtiment jusqu'au
port le plus voisin, qui était le cap de
Bonne-Espérance.

Lorsque le *Guardian* y arriva, la *Dryade*
et la *Pearl* en étaient parties depuis quelques jours.

Lord Falton n'avait pas oublié la promesse de la jeune fille, il se procura en
secret le petit sloop que l'on a vu en relâche à l'Ascension ; puis les deux amants,
profitant d'une nuit sombre et d'une brise

favorable, prirent la fuite en laissant au capitaine Butley une courte lettre d'adieu. Le vieux commandant se livra à la plus violente colère, et, certes, si le passager lui était retombe entre les mains, nul doute qui ne l'eût traité avec une sévérité cruelle.

Mais au bout de quelques années de délice, pendant lesquels les fugitifs coururent les mers avec des fortunes diverses, lord Falton, cédant aux instances de Betty, revint à Plymouth à bord d'un trois-mâts dont il était devenu capitaine. Une substitution inespérée avait rétabli ses affaires sur un pied honorable, il reparut avec éclat dans le monde, où il avait tant brillé durant sa première jeunesse.

La guerre, déclarée à la France, lui permit de solliciter d'entrer dans la marine de l'état; sa naissance et ses hautes protections, car la fortune avait ramené le crédit, applanirent toutes les difficultés, il obtint aussitôt le grade de lieutenant.

Betty retrouva son père et lui rendit le bonheur par son retour.

Le vieux canonnier pardonna tout avec ivresse, et, du reste, l'épaulette de lord Falton et la naissance du jeune Dick en étaient plus qu'il ne fallait pour que le brave maître se réjouît de ce qui s'était passé. Il ne leur manquait que la présence du capitaine Butley.

Enfin celui-ci arriva des Antilles où, par de nouveaux succès, une intrépidité et un zèle infatigables, il venait de mériter le grade de commodore.

L'on conçoit qu'après quelques reproches, uniquement pour la forme, il accueillit favorablement la requête de lord Falton, qui lui demandait la place de second sur la *Samarang*.

Quoique le maître canonnier eût renoncé à la mer pour son propre compte, il ne voulut pas se séparer de ses enfants, et accepta joyeusement l'offre que lui fit son vieil ami de venir à bord accomplir une dernière campagne en amateur.

Par suite de cette position indépendante, maître Smith vivait tout-à-fait avec le capitaine, et n'exerçait aucune autorité dans le bâtiment ; il passait son temps à critiquer la tenue de l'artillerie, donnait des leçons de marine à son petit-fils, ou bien encore entamait avec son ancien camarade d'interminables dissertations sur des points litigieux de manœuvre ou de canonnage.

Le projet de ces deux navigateurs était de se fixer ensemble sur la terre ferme dès que la frégate serait de retour à Plymouth.

. . . .

Quand les officiers anglais eurent achevé ce récit, souvent interrompu par les divers convives, ils prirent congé du créole et de sa famille; mais Albert Despointes voulut les escorter jusqu'à l'embarcadère.

— Enfin, commandant, demanda-t-il, que devint donc cette fameuse mistress Flay, si tenace, si terrible, conduisant les convicts à la révolte et ne cessant de prédire des calamités?

On était alors sur le pont de la Savane où le canot de la *Samarang* se trouvait accosté.

— Attendu que la sévère punition du vice ne laisse pas d'être fort édifiante, et qu'il faut une moralité à toute bonne histoire, dit lord Falton en riant et répondant à la place du capitaine, le sort de Ketty pourra ce soir en servir à nos aventures, et vous verrez quelle foi l'on doit avoir dans les prédictions des sorcières.

Au moment fatal, Satan ne vint guère en aide à la nôtre.

— Eh bien? demanda encore l'officier français.

— Eh bien ! répondit le commodore Butley, je la fis pendre au bout de la grande vergue, où sa maudite carcasse se balança jusqu'à l'arrivée au cap de Bonne-Espérance.

A ces mots, les Anglais s'assirent dans leur embarcation en saluant Albert pour la dernière fois ; — onze heures du soir tintaient à bord de tous les navires de guerre, et les sentinelles jetaient le cri réglementaire : *All's well ! all's well !* tout est bien !

FIN.

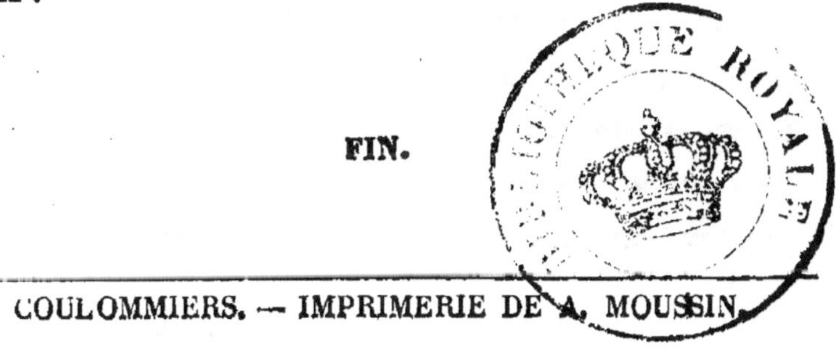

COULOMMIERS. — IMPRIMERIE DE A. MOUSSIN.